建设用地增量区域配置研究

孔　伟　著

东 南 大 学 出 版 社
·南京·

图书在版编目(CIP)数据

建设用地增量区域配置研究 / 孔伟著. — 南京 : 东南大学出版社, 2019.5

ISBN 978-7-5641-8045-4

Ⅰ.①建… Ⅱ.①孔… Ⅲ.①城乡建设—土地利用—研究—中国 Ⅳ.①F299.232

中国版本图书馆 CIP 数据核字(2018)第 239807 号

建设用地增量区域配置研究 Jianshe Yongdi Zengliang Quyu Peizhi Yanjiu

著　　者：孔　伟
出版发行：东南大学出版社
社　　址：南京市四牌楼 2 号　邮编：210096
出 版 人：江建中
网　　址：http://www.seupress.com
电子邮箱：press@seupress.com
经　　销：全国各地新华书店
印　　刷：江苏凤凰数码印务有限公司
开　　本：787 mm×960 mm　1/16
印　　张：9.25
字　　数：228 千字
版　　次：2019 年 5 月第 1 版
印　　次：2019 年 5 月第 1 次印刷
书　　号：ISBN 978-7-5641-8045-4
定　　价：39.00 元

(本社图书若有印装质量问题，请直接与营销部联系。电话：025－83791830)

前 言

建设用地作为工业化、城镇化进程的重要资源环境基础，在人类社会不断发展进步的过程中，不仅作为载体而存在，为人类的各项建设和经济活动提供空间，同时还是各项生产活动必不可少的要素投入。中国人多地少的特殊国情，决定着建设用地的高效利用和区域配置问题始终是工业化、城镇化进程中带有全局性和战略性的根本问题。一方面，经济发展引起的用地需求与资源有限供给之间的矛盾要求必须不断提高建设用地的利用效率；另一方面，我国不同区域之间发展阶段和资源禀赋的显著差异性，使得不同地区对建设用地的需求紧迫性和供给保障能力悬殊，要求必须实现建设用地空间配置格局的不断优化。而我国现行土地利用总体规划编制中建设用地指标分解偏重对经济和人口等总量指标的考虑，使得规划配置方案无法顺应当前经济新常态的要求，不能促进区域持续、健康发展。因此，有必要对我国建设用地增量指标的区域配置问题进行深入研究，以寻求符合我国经济发展与资源禀赋的空间差异性特征、有利于促进区域协调发展的优化配置路径。

围绕上述问题，本书在总结、归纳国内外相关研究成果的基础上，首先对我国建设用地增量配置现状进行了评价，基于评价结果提出应构建建设用地增量指标区域优化配置的路径；其次，在研究经济发展的建设用地规模扩张、集约度增长响应规律的基础上，建立了促进区域协调发展的建设用地管控分区体系；然后，构建数学模型对我国建设用地增量指标进行区域间初始配置，并引入资源配置效率指标对配置方案进行修正，完成了我国建设用地增量指标的区域优化配置；最后，提出差别化的建设用地分区管控策略，为建设用地区域优化配置方案的落实提供政策保障。通过理论分析和实证研究，本书主要得出以下研究结论：

(1) 在供求理论的指导下，建设用地规模变化主要受经济增长、社会发展、资源禀赋等因素的影响，其中经济增长和社会发展导致建设用地需求不断增长，而自然资源禀赋则构成建设用地资源供给的硬约束。基于此，构建数学模型对我国建设用地增量空间配置格局进行定量评价，结果显示我国建设用地增量指标配置整体基本均衡，但各省(区、市)之间状态差异较大，部分省(区、市)处于失衡状态。这与我国建设用地指标分配过程中对由资源禀赋决定的用地供给保障能力差异考虑不足有很大关联。因此，本书提出在我国以后的土地利用规划中对建设用地增量指标进行区域配置时，应兼顾经济发展需求与供给能力约束两方面因素，尊重区域发展阶段特征的差异，注重生态环境的保护与建设，实现建设用地增量指标的区域优化配置，才能促进区域协调发展目标最终得以实现。

(2) 对我国现有区域管控分区体系进行梳理，发现主体功能区划、四大板块、土地利用综合分区、行政区划等虽然在促进区域协调发展、资源合理利用方面取得了一定的成效，但针对建设用地的区域差别化管控和优化配置都存在一定的局限，因此提出需要根据不同地区之间经济发展阶段和自然资源禀赋的区域分异规律，构建以促进区域协调发展为目标的建设用地管控分区体系，为我国建设用地增量指标的区域优化配置提供分区依据。本书基于全国省际面板数据分别建立模型对我国经济发展和资源禀赋的区域分异特征进行分析，结果发现随着经济发展水平的不断提高，建设用地的扩张规模和集约度增加值都符合库兹涅茨曲线规律，不同地区以建设用地可拓展空间表征的资源禀赋也有较大差异。在此基础上，借助ArcGIS软件将全国31个省(区、市)划分为4类建设用地管控区域，其中优化调整区包括上海、北京、天津、广东、江苏、浙江、福建，重点发展区包括内蒙古、陕西、山西、新疆、重庆、湖北、黑龙江、吉林、辽宁，适度发展区包括云南、贵州、四川、甘肃、宁夏、西藏，内涵挖潜区包括河南、河北、山东、安徽、湖南、江西、海南、广西、青海。省(区、市)级层面以下可以根据实际需要采用同样的方法，以地市级或县级区域为分区单元进行进一步细分，从而构建多层次的建设用地管控分区体系。区域协调发展的建设用地管控分区体系为我国建设用地增量指标的区域优化配置提供了分区基础。

(3) 在区域协调发展的建设用地管控分区基础上，本书构建了基于相对资源承载力的线性规划模型，耦合社会经济发展需求和自然资源禀赋约束完成了我国建设用地增量指标在不同区域间的初始分配。以全国31个省(区、市)2000—2010年的社会经济和土地数据为基础，借鉴柯布-道格拉斯生产函数原理构建面板数据模型，运行计量经济软件Stata 12.0计算得到2011—2020年全国建设用地增量指标总规模为135.40万hm^2。以此增量规模为控制值，在系统控制论、区域协调发展、人地协调、资源稀缺性等理论的指导下，从社会经济发展需求和资源禀赋约束两方面选取非农产业增加值、固定资本投资额增加值、总人口增加值和建设用地可拓展空间、耕地保有量等总量指标，基于相对资源承载力构建线性规划模型，运行Lindo11.0软件对我国建设用地增量指标在不同区域间进行初始分配，并将分配结果与仅考虑发展需求的分配结果进行对比分析，发现耦合经济发展需求和资源禀赋约束两方面因素的建设用地增量指标分配方案更符合不同区域自然资源禀赋条件的约束，更尊重区域生态环境保护的要求，更接近经济发展和生态保护并重的战略目标。

（4）在建设用地增量指标初始分配的基础上，选取建设用地贡献率、集约度增加值、人口城镇化率、人均耕地、人均可拓展空间和水资源禀赋指数等能够反映发展阶段特征和资源保障能力的效率指标构建综合评价模型，计算我国各省（区、市）建设用地增量指标配置的综合修正系数；然后以全国建设用地增量总规模 135.40 万 hm^2 为控制值，对我国建设用地增量初始分配方案进行优化。结果显示，建设用地增量指标区域优化配置方案相较于初始分配方案有所变化，全国 31 个省（区、市）整体上呈现出同一类区域内变化趋同、不同类区域间变化相异的特征。其中优化调整区有较大幅度的缩减，重点发展区有一定幅度的增加，适度发展区有较大幅度的增加，内涵挖潜区则有一定的缩减。经过资源配置效率因素修正的建设用地增量指标区域配置方案的差异性与各区域自身的发展阶段特征和资源供给保障能力的差异性是基本相符的，其中适度发展区的增加比例最高，重点发展区次之，内涵挖潜区有所减少，经济发展水平最高的优化调整区减少比例最高，不同类型区域之间的差异格局也基本符合目前专家学者提出的要实现建设用地总量控制目标需要首先实现增量指标减量化配置的观点。

基于以上研究结论，本书最后提出，要确保建设用地增量指标的区域优化配置目标能够实现，必须针对经济发展和资源禀赋的差异性特征采取差别化的建设用地利用和管理策略：优化调整区应结合区域发展战略推进产业结构转型升级带动土地供应结构优化，实现资源配置的帕累托改进，进一步提高技术创新等对土地的替代效应；重点发展区建设用地的需求压力应主要通过强化建设用地供应门槛约束与适度增加新增建设用地指标来缓解；适度发展区应在提升建设用地集约利用水平的同时，适当给予新增建设用地指标的倾斜，以满足作为代价性损失的城镇化、工业化快速推进的用地需求，保证经济增长目标的实现；内涵挖潜区应严格控制建设用地总量，减少新增建设用地供应量，提高新增建设用地供应门槛，倒逼土地利用方式转变，加强存量建设用地挖潜，提高建设用地利用效率。

目　录

1 绪 论

1.1 研究背景与研究意义

1.1.1 研究背景

土地资源是人类赖以生存和进行生产活动的基础，是最重要的自然资源之一。在人类社会不断发展进步的过程中，土地不仅作为载体而存在，为人类的生产生活提供空间，同时还是各种生产活动必不可少的生产要素①。中国人多地少的特殊国情，决定着土地资源高效利用和区域配置问题始终是现代化发展进程中带有全局性和战略性的根本问题。

一方面，社会经济发展对建设用地的强劲需求与建设用地资源有限供给之间的矛盾要求必须在建设用地配置格局和利用效率等方面深入研究。相对于人类社会多种多样且无限增长的需求而言，土地资源的供给稀缺性是人地关系演化进程中永恒的难题，也是规划手段引导资源开发利用的客观必要性所在②。我国现行的土地利用总体规划已是第三轮规划，经历多次规划修编过程后，无论是理论基础、编制体系、主要内容，还是数学方法和技术手段的应用，都已相对比较完善。但从实施效果来看，却不尽如人意。近年来，随着新型城镇化进程的加快推进，我国城乡建设用地数量呈现持续快速增长的变化趋势③。1999 年至 2008 年，全国居民点及工矿用地面积由 2 457.44 万 $hm^2$④扩大到 2 691.64 万 hm^2，平均每年以超过 1%的速度向外扩张。与此同时，耕地面积则由 19.38 亿亩⑤减少到 18.26 亿亩，人均耕地由 1.52 亩减少到 1.37 亩，部分发达地区的人

---

① 王万茂，王群．土地利用规划学[M]．北京：北京师范大学出版社，2010：5-6.

② 王万茂．规划的本质与土地利用规划的多维思考[J]．国土资源，2001(3)：29-31.

③ 林坚．中国城乡建设用地增长研究[M]．北京：商务印书馆，2009：62-67.

④ 1 $hm^2 = 10^4 m^2$

⑤ 1 亩≈666.67m^2

均耕地面积已逼近联合国粮食及农业组织(Food and Agriculture Organization of the United Nation, FAO)确定的警戒线。

在建设用地规模持续扩张的背景下,我国城镇建设用地外延式扩张与农村居民点用地超标并存,城乡建设用地低效利用现象普遍。1996 年我国城镇化率首次突破 30%,标志着全国城镇化进入加速发展阶段。此后十几年的时间里,全国城镇化率以年均超过 1 个百分点的速度递增。城镇化快速推进带来社会经济发展的同时,也给城镇建设用地形成巨大压力。面对快速增长的用地需求,许多地方存在着建设用地盲目供给的倾向,土地利用集中在新区的建设而忽视对老城区用地的改造,以外延式扩张为主而忽视立体空间开发和用地结构调整。城市近郊非农建设用地盲目扩张,使得城镇土地利用方向失控,城市内部出现了大量闲置、低效利用的土地;城乡接合部农村住房建设求大求多、工矿企业建设乱圈乱占耕地和占而不用现象普遍存在,土地闲置浪费严重。随着城镇化水平的快速提高,大量农村人口迅速向城镇转移,农村实际常住人口占全国总人口的比例迅速降低。随着农村人口不断向城市转移,农村居民点用地并未同步缩减,人均农村居民点用地严重超标①,这与非农化趋势相背离。这主要是由于我国农村居民点用地缺少整体上的规划管控,受传统习惯影响和自然条件限制,为方便生活和农业生产,其建设长期处于自发选择状态。随着经济的发展和人口的增加,这种"满天星"式布局的农村居民点侵占了大量宝贵的耕地资源,极大阻碍了农业现代化生产的进程。农村居民点粗放型的土地利用方式与紧张的土地资源供需态势形成了较为突出的矛盾。未来城乡发展完全依托新增土地指标实现规模扩张已不太现实,应转向挖掘存量用地潜力与控制用地外延扩张相结合,建设用地的合理配置应以提高土地集约利用水平和综合效益水平为目标。

另一方面,我国幅员辽阔,作为建设用地规模变化主要影响因素的社会经济发展和自然资源禀赋等在不同区域之间的差异极为显著,从而对建设用地的需求紧迫性和供给保障能力颇为悬殊。我国目前社会经济发展已进入新常态,发展速度和发展方式均已开始转变。但是发展水平相对落后的地区与发达地区之间的差距仍十分明显,相较于发达地区经济发展以创新驱动为主,落后地区的经济增长对土地等要素投入的依赖性仍较强,发展动力以资源和资本投入为主。此外,不同地区间土地以及与之相匹配的水资源等自然资源的丰缺程度也有较大差异。与落后地区相比较,发达地区在经历了旺盛经济带动下的空间外延式扩张阶段之后,对自然生态系统产生的影响累积表现为未来发展的可扩展空间更加有限,自然资源禀赋

① 陈春,冯长春.中国建设用地变化驱动力研究[M].北京:北京大学出版社,2014:146-180.

越来越薄弱。而上述发展阶段特征及资源禀赋条件的区际差异特征正是我国建设用地高效利用与优化配置中必须考虑的两大重要因素。市场和政府是土地资源配置的两种基本手段①。资源配置的市场机制只能在既定的资源禀赋条件和社会发展需求下,促进各种要素配置和利用的经济效率进一步提高,却不能在战略高度协调资源开发利用与经济社会发展之间的可持续关系。尤其是在国土空间十分广阔的中国,要实现建设用地资源这一社会经济发展必备要素在不同区域间的科学合理配置,更无法完全依靠市场机制的作用。政府必须主动采取一定的管制策略,对市场主体,尤其是建设用地利用主体的开发利用行为在空间上加以引导和约束,对过去经济活动不当的空间选择所造成的区域发展失衡局面加以改善,以促进社会经济发展的空间结构逐步优化,人口、资源、环境在空间上均衡发展,最终区域协调发展的战略目标得以实现。

而在我国现行的规划编制过程中,对控制指标在区域间主要依据社会经济发展目标进行分解,尤其偏重对经济总量和人口总量等指标的考虑②,实际上就是把落后地区与发达地区放在同一起跑线进行经济增长竞赛③,却较少考虑到经济越发达的地区其土地利用效率越高,经济增长对建设用地投入的依赖性越弱,结果导致经济越发达的地区获得的建设用地增量指标越多,从而使得其在城镇化、工业化进程中寻求技术创新、转变增长方式的动力相对不足,造成资源配置效率的"隐性"损失;而经济越落后的地区指标越少,加上由经济发展阶段决定的对土地要素的较强依赖性,可能使得部分地区维持经济持续稳定增长所需的代价性损失的建设用地资源不足,最终造成我国不同区域之间的社会经济发展差距越拉越大,不利于维持区域协调发展和社会环境稳定。因此,亟须改进我国现行的建设用地资源区域配置思路,探寻符合我国经济发展与资源禀赋的空间差异性特征的建设用地区域优化配置路径,以实现支撑区域健康、稳定、协调发展的目标。

1.1.2 研究意义

针对我国现行规划中建设用地指标分解思路存在的缺陷,以及当前已形成的社会经济发展空间格局和不同地区自然资源禀赋的显著差异,应该在充分尊重经济发展与资源禀赋区域分异规律的前提下开展我国建设用地增量指标的区域优化

---

① 陈茵茵.土地资源配置中政府干预与市场机制研究[J].中国土地科学,2008,22(3):22-29.

② 何良将.现行建设用地配置模式真的管用吗?——基于浙江省调研的反思[D].杭州:浙江大学,2010.

③ 张恒义.中国省际建设用地空间配置效率研究[D].杭州:浙江大学,2011.

配置研究。该问题研究的意义在于：

1）理论意义

对经济增长与建设用地变化互动机理的区域分异规律进行研究，明晰建设用地利用及管理对区域协调发展的影响机制，有利于发挥土地管理学系统综合分析的学科优势；构建了建设用地增量空间配置格局优化的分析框架，有助于扩展建设用地区域配置的理论视角和完善土地利用规划的科学研究框架与方法体系。

2）现实意义

促进我国土地利用规划修编中建设用地指标区域配置思路的改进，实现建设用地空间配置格局的优化，为有效遏制建设用地无序扩张、缓解我国建设用地供求矛盾、实现建设用地资源的高效配置提供参考；顺应经济发展新常态的要求，提出建设用地区域差别化管控策略，完善我国土地政策参与国民经济宏观调控的作用机制与实现路径。

1.2 研究目标与内容

1.2.1 研究目标

本研究拟从我国建设用地利用变化与空间配置格局分析入手，以建设用地规模扩张、集约利用与经济发展的一般关系为依据，基于经济发展与资源禀赋的区域分异规律构建建设用地管控分区体系，并以此为基础完成我国建设用地增量指标在不同区域间的优化配置，最终实现建设用地区域配置综合效率的改进。

(1) 揭示经济发展与建设用地变化的一般规律，分析区域差别化的土地政策有效促进区域协调发展的内在机理，结合资源禀赋条件差异，建立区域协调发展的建设用地管控分区体系。

(2) 耦合资源禀赋及经济发展阶段，改进建设用地增量配置的思路，完成我国建设用地增量指标的区域优化配置，为缓解区域建设用地供需矛盾、适应经济发展新常态、促进区域健康协调发展服务。

1.2.2 研究内容

1）建设用地指标配置空间均衡度评价

资源的空间均衡配置是区域协调发展的前提和基础，资源的合理配置则要兼顾供给和需求两方面的因素。基于此，首先选取供需两方面的影响因素与建设用地规模增长相关指标构建空间均衡度模型，对我国各省（区、市）建设用地增量配置的空间合理性进行整体评价；然后通过分省（区、市）计算建设用地增量配置的失衡指数，具体分析找出其中原因所在；最后，以此为依据，针对其中存在的问题及产生原因提出应改进建设用地增量配置思路并指明改进方向，以探寻能够实现保障发展与保护环境双赢局面的用地格局。

2）区域协调发展的建设用地管控分区体系构建

首先，在现有区域管控分区体系分析评价的基础上，提出应构建耦合经济发展与资源禀赋的建设用地管控分区体系；其次，分析处在不同发展阶段地区建设用地规模扩张及集约度变化规律的差异，分别构建计量经济模型进行量化分析；再次，测算不同地区基于资源禀赋的建设用地可拓展空间，分析未来经济发展的资源基础差异；然后，通过社会经济指标与资源禀赋指标叠加的方法建立区域协调发展的管控分区体系；最后，研究各分区建设用地利用与管理的特征，诊断其存在的问题，为建设用地增量指标区域优化配置提供依据。

3）耦合经济发展需求与资源禀赋约束的建设用地增量指标分配

首先，在供求理论指导下，从社会经济发展需求及资源禀赋供给约束两个角度选取指标，建立建设用地增量初始分配评价指标体系；然后，在环境承载力理论指导下，应用上述建立的指标体系，综合考虑优势资源牵引效应和劣势资源束缚效应构建基于相对资源承载力的线性规划模型；最后，应用区域社会经济发展及自然资源禀赋相关数据，运行上述建立的线性规划模型，测算各分区建设用地增量指标合理规模，完成建设用地增量指标在不同分区间的初始分配。

4）基于资源配置综合效率修正的建设用地增量区域优化配置

遵循发展阶段理论和生态环境保护理论的要求，根据各区域实际发展阶段特征和资源环境状况，对建设用地增量指标的初始分配方案进行优化，以优先满足各区域现阶段发展最为紧缺的要素需求。从社会经济发展和自然资源禀赋两方面分别选取反映资源配置效率区域间差异性和区域内相似性的相关指标，通过主客观相结合的方法评判权重高低，运用综合评价法计算各地区建设用地增量配置的修正系数，对各区域初始分配所得的建设用地增量指标规模进行修正，完成建设用地增量指标的区域优化配置。

1.3 研究方法

1.3.1 文献研究法

文献的收集和研究是明确概念、界定研究范围、辨析问题和掌握研究方法的重要基础工作[①]。查阅国内外学者专家就相同或相近课题开展研究所形成的并已在各种媒介公开发表的论文、著作等形式的成果，并在对其进行整理、分析、归纳和总结的基础上，有选择性地借鉴和继承前人优秀的研究成果，发掘有待进一步解决的问题，抓住问题的切入点，从而全面、正确地掌握所要研究的问题[②]。本研究通过收集建设用地规模增长、集约利用、区域配置等方面的文献，了解相关研究的历史和现状，结合我国当前城镇化、工业化进程中建设用地区域优化配置及差别化管控等方面的要求，进而确定课题的研究框架，选择拟采用的研究方法。

1.3.2 定性分析与定量分析相结合

定性分析与定量分析相结合的方法是目前绝大部分科学研究过程中都会用到的方法，本书也将会在大部分的章节内容中采用该研究方法。通过定性分析可以对研究对象的本质内涵、内在机理等进行深入剖析，从而为定量分析提供理论支撑；定量分析则可以准确地描述系统及组成部分之间的相关关系及其动态演化路径等，从而验证定性分析所得出的结论是否科学可靠。两种分析方法相结合可以汲取双方之所长，从而使得课题研究过程本身更加科学，所得出的研究结论更加可信，因而该方法在科学研究中有极强的应用价值和极为广泛的应用空间。我国增量建设用地空间配置格局分析、现有区域管控体系述评、建设用地区域优化配置研究框架构建、区域优化配置结果分析、差别化管控策略提出等都属于定性分析；而对于建设用地规模扩张、集约利用与经济发展的一般关系分析、建设用地增量指标区域间初始配置和基于效率指标修正的方案优化等都属于定量分析。我国建设用地增量指标的区域优化配置研究正是在定性分析与定量分析相结合的研究方法之下完成的。

1.3.3 规范分析和实证分析相结合

本研究首先对建设用地利用变化与经济发展的一般关系进行规范研究，试图找出不同经济发展阶段建设用地规模扩张、集约度增加的变化规律；在对建设用地指标进行区域配置时，对配置方法、分析原则、评价指标体系等进行规范研究。然后，以全国省际面板数据为基础，应用数理分析方法和经济计量方法，对经济发展的建设用地利用变化响应、建设用地指标区域优化配置等进行实证分析，并提出差别化的分区管控策略，力图以实证的分析来支持规范分析的观点，将规范分析与实

① 张恒义. 中国省际建设用地空间配置效率研究[D]. 杭州：浙江大学，2011.

② 杜晓利. 富有生命力的文献研究法[J]. 上海教育科研，2013(10)：1.

证分析进行有机结合，力求相互补充①。

1.3.4 数学模型分析方法

以数据收集整理为基础，以所研究对象的关系及其演变特征为依据，通过数学方式表达出来即构造数学模型。本研究选用了多种数学模型分别应用于不同的研究内容：以供求理论为指导，构建了空间均衡度模型评价我国建设用地增量指标分配的空间格局；在对建设用地变化与经济增长之间的关系进行定性分析及理论假设的基础上，借鉴已有研究成果建立库兹涅茨曲线模型，对二者之间的关系进行定量研究；以相对资源承载力理论为指导，构建线性规划模型测度建设用地增量指标初始分配规模；运用综合评价法构建基于效率指标的修正模型，实现我国建设用地增量指标区域优化配置。

1.4 拟解决的关键问题

1）区域协调发展的建设用地管控分区体系构建

各地区资源禀赋和发展阶段存在显著差异，使得差别化土地调控政策的实施成为必要。而选择合理的因素指标和适当的分区方法，结合主体功能区划、四大板块格局等划分建设用地管控区域，则是实施差别化管控政策和用地优化配置的前提和基础，也是本课题要解决的关键问题之一。

2）建设用地增量指标区域配置方案优化

分区体系的构建是建设用地增量指标区域优化配置的前提和基础，而合理地选取评价指标、科学地建立配置模型则是我国建设用地增量指标区域优化配置的必备要素。基于建设用地管控分区结果，依据正确的理论基础，构建科学合理的评价指标体系对建设用地增量指标区域初始配置方案进行优化，使建设用地区域配置的综合效率得到改进，是本课题要解决的另一关键问题。

1.5 技术路线

本研究在对国内外相关研究成果进行回顾的基础上，首先对我国建设用地增量配置的空间均衡度进行评价，基于此提出应构建增量建设用地指标区域优化配

---

① 厉以宁．规范分析与实证分析相结合是经济学的一贯原则[J]．经济研究参考，1997(A5)：6-7．

置的路径；其次，在研究经济发展的建设用地利用变化响应的基础上建立区域协调发展的建设用地管控分区体系；然后，构建数学模型对我国建设用地增量指标进行区域间初始配置，并引入资源配置效率指标进行配置方案修正，完成我国建设用地增量指标区域优化配置；最后，提出差别化的建设用地区域管控策略，为建设用地规模管控目标的实现提供政策保障。具体的研究框架如图 1-1 所示。

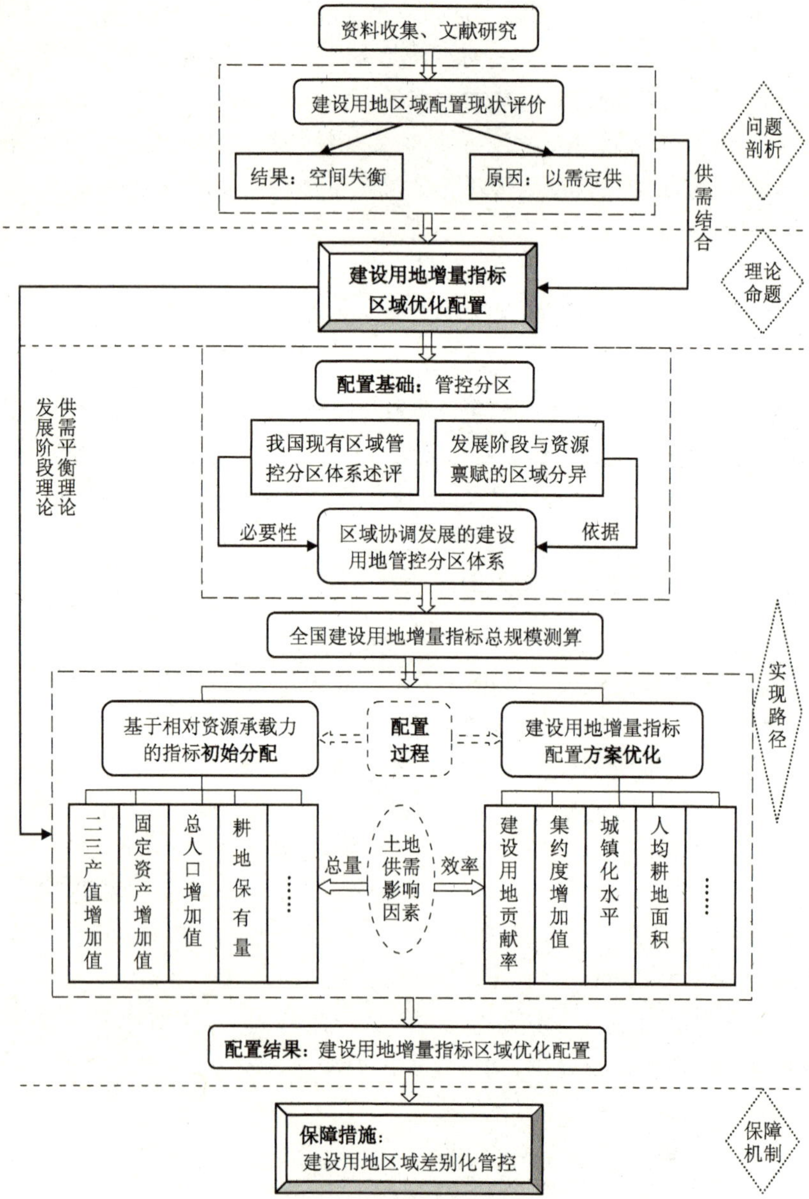

图 1-1 技术路线图

2 国内外相关研究进展

2.1 建设用地利用研究

人类对土地资源进行的开发利用途径可分为广度扩展和深度挖潜两个方面：前者是指扩大土地利用面积，提高土地利用率；后者是指增加土地投入，提高土地利用集约度①。在人类社会的发展历程中，首先呈现出来的是土地资源开发利用规模的不断扩张，之后才是土地利用集约度的增加。鉴于此，本书从规模增长和集约用地两个方面对国内外关于建设用地利用的相关研究进行回顾和梳理。

2.1.1 建设用地规模增长研究

由于土地资源在人类生存和发展中有着不可替代的地位，人类社会的进步又不可避免地会引起土地资源利用的变化，因此，近年来土地利用/覆盖变化（Land-Use and Land-Cover Change，LUCC）研究成为全球可持续发展中的核心议题；而作为土地承载功能得以发挥的重要表现，建设用地规模的变化趋势、影响因素及扩张管控等方面更是成了国内外学者近年来重点关注的研究议题。

1）国外建设用地规模增长研究

对建设用地规模增长的时空演变特征及驱动因素等进行深入分析，可以为有效管控建设用地规模扩张提供可供参考的科学依据和理论指导。Geymen A. 等的研究结果表明，空间尺度上，不同国家、区域之间建设用地规模变化的速度、模式等均呈现出差异性的特征②。Angel S. 等对全球发展中国家城市建设用地的规模变化进行了研究，预测结果表明建设用地规模呈现持续扩张的趋势③。其中，扩张最

① 王万茂，王群. 土地利用规划学[M]. 北京：北京师范大学出版社，2010：12.

② Geymen A，Baz I. Monitoring urban growth and detecting landcover changes on the Istanbul metropolitan area [J]. Environmental Monitoring and Assessment，2008，136(13)：449-459.

③ Angel S，Parent J，Civco D L，et al. The dimensions of global urban expansion：Estimates and projections for all countries，2000—2005[J]. Progress in Planning，2011，75(2)：53-107.

快的城市主要分布在亚洲与南美洲。Carrión-Flores C.、Marlow V. 等还对城乡接合部居民住宅和农村居民点等建设用地的蔓延趋势进行了大量研究①②③。Steven J. Pricea、Gude P. H.、Burchfield M 等则分别对城市建设用地和农村居民点用地扩张的影响因素进行了深入研究，结果都发现经济发展、人口增长等社会经济因素会成为促进建设用地规模增长的重要动力，而生态环境保护则可能会成为抑制用地扩张的关键因素④⑤⑥。

从 20 世纪 50 年代开始，国外就已经意识到用地无序蔓延可能引起的严重后果，并相继制定并实施了一系列抑制用地扩张趋势的政策措施⑦。关于如何有效管控用地规模的扩张，国外许多学者都从区域生态环境的角度出发，将生态系统具有特殊敏感性的区域划为限制发展区加以保护，从而起到对城市用地无序蔓延的抑制作用。其中以美国的"城市增长边界(UGB)"与英国的"绿带"政策最为典型⑧⑨⑩⑪。Yongxian Su 等提出应引导生态安全优先的建设用地增长模式，以有

---

① Carrión-Flores C, Irwin E G. Determinants of Residential Land-Use Conversion and Sprawl at the Rural-Urban Fringe [J]. American Journal of Agricultural Economics, 2004, 86(4): 889-904.

② Marlow V, Krupa K S. Rural residential land use: Tracking its growth[J]. Agricultural Outlook, 2002(8): 14-17.

③ Schneider A, Woodcock C E. Compact, dispersed, fragmented, extensive: A comparison of urban growth in twenty-five global cities using remotely sensed data, pattern metrics and census information [J]. Urban Studies, 2008, 45(3): 659-692.

④ Steven J Pricea, Michael E Dorcasa, Alisa L Gallantb, et al. Three decades of urbanization: Estimating the impact of land-cover change on stream salamander populations [J]. Biological Conservation, 2006, 133(4): 436-441.

⑤ Gude P H, Hansen A J, Rasker R, et al. Rates and drivers of rural residential development in the Greater Yellowstone [J]. Landscape and Urban Planning, 2006, 77(1): 131-151.

⑥ Burchfield M, Overman G H, Puga D, et al. Causes of sprawl: A portrait from space [J]. Quarterly Journal of Economics, 2006, 121(2):587-633.

⑦ 刘红萍，张安录. 国外城市用地扩张控制研究进展[J]. 中国土地科学，2008，22(5):72-76.

⑧ 林坚. 中国城乡建设用地增长研究[M]. 北京：商务印书馆，2009:39.

⑨ 谈明洪，李秀彬，辛良杰，等. 英国城市绿化带土地利用及其对中国的启示——以斯佩尔索恩(Spelthorne)区为例[J]. 地理科学进展，2012，31(1): 20-25.

⑩ Jackson K T. Crabgrass frontier: The suburbanization of the United Sates[M]. New York: Oxford University Press, 1985:12.

⑪ Knaap G J. The price effects of urban growth boundaries in metropolitan Portland, Oregon[J]. Land Economics, 1985, 61(1):26-35.

效抑制用地扩张，合理保护自然生态系统的稳定性①。

2）国内建设用地规模增长研究

由于中国人多地少的特殊国情，土地资源的供需矛盾尤其尖锐。社会经济飞速发展引起的用地需求与粮食安全和生态保护目标带来的用地供给约束之间的矛盾日益尖锐。建设用地规模扩张越来越成为中国土地利用理论研究与管理实践中颇受关注的问题。国内学者关于建设用地规模增长的研究主要集中在时空演变特征②③、驱动因素④、趋势模拟⑤及其与经济发展的关系⑥等方面。Ding C. 等的研究结果表明，20 世纪末中国的城市建设用地扩张趋势十分显著，这种快速增长的特征尤其集中体现于北京、上海、广州等社会经济发展水平较高的特大城市⑦。舒帮荣等以太仓市为例，通过构建数学模型对不同经济发展阶段的城镇用地规模扩张特征及驱动因素进行了量化比较研究⑧，结果发现随着区域发展阶段不断提升，城镇用地规模扩张的速度亦不断加快，其中经济发展、自然生态环境、土地调控政策及交通区位等的变化为主要原因。胡银根等则从供需视角分别对城乡建设用地扩张的驱动力开展了研究⑨，结果表明城镇建设用地规模增长主要是由收入增长、投资增加和人口规模扩大等社会经济因素引起的，而造成农村建设用地扩张的原因除收入增加外，还有违法占地风险小、宅基地退出机制缺失等土地管理体制自身

① Yongxian Su, Xiuzhi Chen, Jishan Liao, et al. Modeling the optimal ecological security pattern for guiding the urban constructed land expansions[J]. Urban Forestry & Urban Greening, 2016, 19(1): 35-46.

② 姜海，王博，李成瑞，等. 近十年中国建设用地扩张空间特征——基于与固定资本和二三产业就业人数的比较分析[J]. 中国土地科学, 2013, 27(5): 63-70.

③ 黄季焜，朱莉芬，邓祥征. 中国建设用地扩张的区域差异及其影响因素[J]. 中国科学(D辑:地球科学), 2007,37(9):1235-1241.

④ 赵可，张安录，徐卫涛. 中国城市建设用地扩张驱动力的时空差异分析[J]. 资源科学, 2011, 33(5): 935-941.

⑤ 屈宇宏，孙帅，陈银蓉. 中国城市建设用地扩张趋势模拟及抑制策略[J]. 资源科学, 2014,36(1): 1-7.

⑥ 刘志佳，黄河清. 珠三角地区建设用地扩张与经济、人口变化之间相互作用的时空演变特征分析[J]. 资源科学, 2015, 37(7): 1394-1402.

⑦ Ding C, Zhao X. Assessment of urban spatial-growth patterns in China during rapid urbanization [J]. Chinese Economy, 2011, 44(1): 46-71.

⑧ 舒帮荣，李永乐，曲艺，等. 不同经济发展阶段城镇用地扩张特征及其动力——以太仓市为例[J]. 经济地理,2013,33(7):155-162.

⑨ 胡银根，蔡国立，廖成泉，等. 基于供需视角的城乡建设用地扩张与配置的驱动力[J]. 经济地理,2016,36(6): 161-167.

存在的缺陷。黄季焜[①]、吕晓[②]等认为建设用地规模增长的驱动因素主要包括自然与社会经济两类因素，前者起到限制或引导作用，后者则主要起驱动作用。

我国幅员辽阔，自然条件和社会经济发展状况地区间差异十分显著。基于此，国内学者针对我国建设用地规模增长的区域差异开展了大量研究，研究尺度广泛覆盖全国[③]、省级[④]、市级[⑤]、县级[⑥]等行政区域，乃至跨行政区的研究[⑦][⑧]等。黄季焜等基于全国1989—2000年的数据建立计量模型，对中国建设用地扩张的区域差异从宏观尺度上进行了分析，发现东部地区的用地扩张速度开始有所减缓，而中西部地区则明显呈加速扩张趋势。张耀宇等对我国不同等级城市的用地规模变化进行了研究[⑨]，发现随着城市规模的扩大，人口对用地扩张的作用逐渐减小，产业结构、政府招商引资等因素的作用则越来越明显。刘纪远等基于主体功能区划对不同区域城乡建设用地规模变化特征进行研究[⑩]，得出国土开发按照各区域的主体功能呈梯级变化特征，与各区域定位基本相符。

关于在当前及未来可预见的社会经济发展态势下我国建设用地规模可能的扩张趋势及管控目标，也有学者尝试性地开展了以下研究。比如，屈宇宏等通过构建城市建设用地的恒等式的研究方法发现影响用地扩张的因素主要包括土地利用效率、经济发展和人口增加等，并基于此运用蒙特卡罗动态模拟未来我国城市建设用

---

① 黄季焜，朱莉芬，邓祥征．中国建设用地扩张的区域差异及其影响因素[J]．中国科学(D辑：地球科学)，2007，37(9)：1235-1241．

② 吕晓，黄贤金．建设用地扩张的研究进展及展望[J]．地理与地理信息科学，2013，29(6)：51-58．

③ 黄砺，王佑辉，吴艳．中国建设用地扩张的变化路径识别[J]．中国人口·资源与环境，2012，22(9)：54-60．

④ 吴建寨，彭涛，徐海燕，等．山东省建设用地扩展时空动态及驱动力分析[J]．中国人口·资源与环境，2011，21(5)：168-173．

⑤ 童陆亿，胡守庚．中国主要城市建设用地扩张特征[J]．资源科学，2016，38(1)：50-61．

⑥ 肖蓓蓓，刘秀华．重庆市丰都县建设用地变化及社会驱动力分析[J]．西南农业大学学报(社会科学版)，2007，5(1)：38-42．

⑦ 易凤佳，李仁东，常变蓉，等．长株潭地区建设用地扩张遥感时空特征分析[J]．国土资源遥感，2015，27(2)：160-166．

⑧ 李会，王利，任启龙，等．东北地区城市用地扩张特征及驱动因子分析[J]．地理空间信息，2016，14(4)：12，84-89．

⑨ 张耀宇，陈利根，宋璐怡．中国城市用地扩张驱动机制的差异性研究[J]．资源科学，2016，38(1)：30-40．

⑩ 刘纪远，刘文超，匡文慧，等．基于主体功能区规划的中国城乡建设用地扩张时空特征遥感分析[J]．地理学报，2016，71(3)：355-369．

地扩张的速度，他认为我国未来应该实施以提高土地利用效率为导向的用地管理政策来抑制过度扩张的趋势，进而实现城市建设用地的适度规模[①]。石爱华等则以深圳市为典型案例，提出未来的建设用地管控应逐步迈向一条“增量扩张”向“存量挖潜”转变的“非扩张型”之路[②]。刘红梅等认为，随着经济发展水平的提高，区域建设用地总规模应趋于稳定甚至逐渐减少，但是总量管控目标的实现须在经济发展到一定水平后，先经历建设用地增量减少的阶段然后才能进入总量稳定的阶段[③]。

2.1.2 建设用地集约利用研究

国外关于土地集约利用的研究开展较早，但最初集约的内涵是指农业用地，源于 David Ricardo 等古典政治经济学家对土地报酬递减规律的研究。集约利用是与粗放经营相对的概念，是指在单位面积土地之上适当增加劳动、资本、技术及其他各种要素的投入量，以获取较高水平的物质产品或服务效用的经营模式[④]。美国经济学家伊利在其出版的《土地经济学原理》一书中也提出相同的看法，认为集约就是在固定土地面积上追加投入。与此相比，人们对城市土地集约利用所赋予的内涵则相对更丰富，但其根本仍是在农业土地集约利用内涵基础上衍生出来的[⑤]。经济学家们对城市土地集约利用的解释主要是结合经济增长方式的差别提出的，认为土地粗放经营与集约利用分别为经济增长的两种不同方式，即依靠增加资源或劳动力等要素数量的粗放增长和依靠提高要素投入产出水平的集约增长。土地作为城市发展必不可少的资源基础，其集约利用是转变经济增长方式的必然选择[⑥⑦]。最初，国外学者对土地集约利用的研究并没有形成一个专门的学科，大

---

① 屈宇宏，孙帅，陈银蓉. 中国城市建设用地扩张趋势模拟及抑制策略[J]. 资源科学，2014，36(1)：1-7.

② 石爱华，范钟铭. 从“增量扩张”转向“存量挖潜”的建设用地规模调控[J]. 城市规划，2011，35(8)：88-90，96.

③ 刘红梅，孟鹏，马克星，等. 经济发达地区建设用地减量化研究——基于“经济新常态下土地利用方式转变与建设用地减量化研讨会”的思考[J]. 中国土地科学，2015，29(12)：11-17.

④ 王万茂. 土地资源管理学[M]. 2 版. 北京：高等教育出版社，2010：341-342.

⑤ Shao X, Liu Q, Zhang Y. Advances and Expectations of Intensive Land Use Researches [J]. Progress in Geography, 2006, 25(2)：85-95.

⑥ Geurs K T. Job accessibility impacts of intensive and multiple land-use scenarios for the Netherlands' Randstad Area [J]. Journal of Housing and the Built Environment, 2006(21)：51-67.

⑦ Taleai M, Sharifi A, Sliuzas R, et al. Evaluating the compatibility of multi-functional and intensive urban land uses [J]. International Journal of Applied Earth Observation and Geo-information, 2007(9)：375-391.

多是围绕城市增长开展的。以霍华德“田园城市”理论为代表的城市规划理论解释了集约用地的含义，认为城市土地不能过度开发利用，主张以人为本的城市人居环境及“天人合一”的环境发展理念①。联合国环境与发展大会所提出的可持续发展理念与美国的“精明地增长的城市规划立法指南”引起了西方规划界对传统土地利用模式的反思②，开始积极探索新的城市土地利用模式。比如，美国后来出现的以“精明增长”“内填式发展”等为代表的一系列城市用地指导思想③，就是旨在抑制城市用地空间的外延扩展趋势，增强存量空间的潜力挖掘，从而不断提高建设用地利用集约度。现阶段国外对于城市土地集约利用的直接研究较少，相关研究都主要体现于城市土地利用过程中。世界各地众多城市的土地利用方式、土地管理体制虽不相同，但发展历程大多相同，主要是通过适时调整用地布局和提高用地强度，探求最佳的用地方式，实现城市经济集约增长和城市土地集约利用的目标，所采用的手段概括起来主要有分区管制、税收调节和规划控制三种④。

我国一些学者于 20 世纪 90 年代末期才开始对土地集约利用进行研究，并引进了国外已有的相关理论，最初的研究也主要集中在定量评价、集约途径及其区域研究等方面。其中，以毕宝德等为代表的专家学者结合西方早期关于农业集约经营的概念，认为所谓集约就是增加单位面积土地上的投入以获得高产出的经营方式⑤⑥⑦。然而城市土地利用比农业土地利用更加复杂和特殊，国内学者在实践的过程中从系统角度对城市用地的集约内涵进行了扩展，并强调集约是一个相对的概念⑧。由于土地利用目标的多元性和影响因素的复杂性，对土地集约利用进行定量评价最常采用的方法是多因素综合评价法，该方法中有两项关键的内容，分别是评价指标的选取和指标权重的确定。目前常用的指标体系主要有“投入—产出”

---

① 吴志强，李德华. 城市规划原理[M]. 4 版. 北京：中国建筑工业出版社，2010：28-29.

② 张庭伟. 构筑 21 世纪的城市规划法规——介绍当代美国“精明地增长的城市规划立法指南”[J]. 城市规划，2003，27(3)：49-52.

③ 庄悦群. 美国城市增长管理实践及其对广州城市建设的启示[J]. 探求，2005，155(92)：62-67.

④ 苑昊，聂宜民，苑波，等. 山东省东、中、西部开发区土地集约利用地域差异的实证研究——以山东招远、新泰、陵县经济开发区为例[J]. 安徽农业科学，2012，40(11)：6870-6872.

⑤ 毕宝德. 土地经济学[M]. 7 版. 北京：中国人民大学出版社，2016：62-63.

⑥ 谢正峰. 浅议土地的集约利用和可持续利用[J]. 国土与自然资源研究，2002(4)：22-25.

⑦ 林坚，张沛，刘诗毅. 论建设用地节约集约利用评价的技术体系与思路[J]. 中国土地科学，2009，23(4)：4-10.

⑧ 郑新奇，王筱明，王爱萍，等. 城市宗地集约利用潜力评价方法研究[J]. 资源科学，2005，27(6)：72-76.

指标体系[①]、“经济—社会—生态”指标体系[②]等。常用的权重确定方法可分为主观赋权和客观赋权两大类：主观赋权法主要有德尔菲法（也叫专家打分法）和层次分析法（AHP 法）等[③]，这类方法受专家自身经验的影响较大，从而对评价结果的科学性可能会产生一定的影响；客观赋权法是依照评价指标与评价对象之间的关系建立数学关系式计算指标权重的方法，如熵值法[④]等，这类方法基于扎实的数学理论基础，不易被主观因素左右，但是数据资料搜集和处理的复杂性增加了该方法应用的难度。土地集约利用水平的高低可用集约度来表征，即单位面积土地上的要素投入数量[⑤]，可以基于对土地利用系统的理论分析建立评价指标体系，并采用极值、均值标准化法、极差或者目标值等标准化法对指标原始数值进行标准化处理，赋予指标适当的权重，通过加权求和等方法得出土地集约利用综合指数[④]。由于研究对象的特点及研究目标的不同，土地集约利用研究的尺度和内容也有所不同。从研究尺度来看，近些年来诸多学者分别从宏观、中观、微观层次开展了定性或定量研究。宏观层次是以全国或省（区、市）域为评价对象[⑥⑦]，评价土地集约利用水平并进行对比分析，评价强调综合效益；中观层次是以某个城市或功能区为评价对象[⑧⑨]，从城市的土地利用结构、利用程度、产出效益和持续性等方面进行评价，侧重用地功能和结构的合理性；微观层次则是以城市中的某个功能区或宗地为评价

---

① 郑华伟，张锐，张俊凤，等. 土地集约利用与经济发展关系的动态计量分析——以江苏省为例[J]. 长江流域资源与环境，2012，21(4)：412-418.

② 渠丽萍，姚书振. 城市土地集约利用的系统分析[J]. 城市开发，2004(16)：64-66.

③ 陈曦炜，宋伟. 北京市海淀区农村居民点集约利用评价[J]. 资源科学，2009，31(10)：1772-1778.

④ 邵晓梅，王静. 小城镇开发区土地集约利用评价研究——以浙江省慈溪市为例[J]. 地理科学进展，2008，27(1)：75-81.

⑤ 毕宝德. 土地经济学[M]. 7 版. 北京：中国人民大学出版社，2016：63.

⑥ 周浩，陈银蓉，顾颖敏. 中国城市土地集约利用的时空差异与驱动力分析[J]. 湖北农业科学，2013，52(2)：290-294.

⑦ 冯科，郑娟尔，韦仕川. GIS 和 PSR 框架下城市土地集约利用空间差异的实证研究——以浙江省为例[J]. 经济地理，2007，27(5)：811-814.

⑧ 翁翎燕，濮励杰，文继群，等. 城市土地集约利用与经济增长的协整分析及因果关系检验——以江苏省无锡市为例[J]. 地理与地理信息科学，2010，26(2)：72-75.

⑨ 黎孔清，陈银蓉，陈家荣. 基于 ANP 的城市土地低碳集约利用评价模型研究——以南京市为例[J]. 经济地理，2013，33(2)：156-161.

对象[①②]，侧重考虑单位土地的效益，包括容积率、建筑密度、经济产出、环境指数等。从评价内容看主要有两种情况：一是针对当前土地利用效率水平，即对土地集约利用进行现状评价[③④]，目前大多数学者的研究集中在这方面；二是对未来可挖掘的集约利用潜力进行测算[⑤⑥]，集约潜力是指基于区域自身的自然资源条件和经济发展状况，在不增加土地数量的前提下，通过用地结构调整和布局优化等途径可能实现的土地利用综合效益的上升空间。对于经济增长与集约用地关系的研究，国内学者主要从协调度评价[⑦⑧]、协整检验[⑨]和因果关系检验[⑩]等角度进行了定量研究。李昌峰等以长三角为例进行研究，结果表明土地集约利用与经济发展的协调程度正处于从低层次的不协调向高层次的协调发展模式演变[⑪]。朱天明等以长江三角洲地区为例开展研究，发现不同城市经济增长与集约用地之间的协调度明

---

① 郑新奇，王筱明，王爱萍，等. 城市宗地集约利用潜力评价方法研究[J]. 资源科学，2005，27(6)：72-76.

② 陈昱，陈银蓉，马文博. 湖北省工业用地集约利用综合评价——基于365家典型工业企业的问卷调查[J]. 自然资源学报，2013，28(1)：73-80.

③ 谢天，濮励杰，张晶，等. 基于PSR模型的城乡交错带土地集约利用评价研究——以南京市栖霞区为例[J]. 长江流域资源与环境，2013，22(3)：279-284.

④ 王慎敏，黎一畅，周寅康. 江苏省城市土地集约利用宏观评价研究[J]. 南京社会科学，2008(1)：135-141.

⑤ 乔伟峰，孙在宏. GIS辅助下的城市土地集约利用潜力评价方法研究——以江苏省苏州市为例[J]. 国土资源科技管理，2004，21(1)：34-37.

⑥ 汪晖，童菊儿. 经济发展阶段与土地集约利用水平演变趋势——来自台湾的证据[M]//2005年中国科协学术年会论文集(中). 北京：中国科学技术出版社，2006：295-307.

⑦ 潘竟虎，郑凤娟，杨东. 甘肃省土地集约利用与经济发展的时空差异分析[J]. 资源科学，2011，33(4)：684-689.

⑧ 许艳，濮励杰，张丽芳等. 土地集约利用与经济发展时空差异研究——以江苏省为例[J]. 南京大学学报(自然科学)，2009，45(6)：810-820.

⑨ 郑华伟，张锐，张俊凤，等. 土地集约利用与经济发展关系的动态计量分析——以江苏省为例[J]. 长江流域资源与环境，2012，21(4)：412-418.

⑩ 易昊旻，徐康，田兴. 基于Granger因果检验的土地集约利用与经济增长的相关性研究——以东台市为例[J]. 江西农业学报，2013，25(9)：130-133.

⑪ 李昌峰，武清华，张落成. 土地集约利用与经济发展的空间差异研究——以长江三角洲地区为例[J]. 经济地理，2011，31(2)：294-299.

显不同①。翁翎燕②、何萍③等研究发现土地集约利用与经济发展长期内存在均衡关系,但短期内却存在波动。经济增长与集约用地之间具有格兰杰因果关系,经济增长是集约用地的原因,反过来集约用地并不是经济增长的原因,也就是说土地利用集约度的增加对经济增长的作用并不十分明显。也有部分学者认为,土地集约利用能够通过促进产业结构优化和用地布局调整,进而实现促进经济增长的目标④⑤。

近年来,有部分学者在用地集约度定量评价的基础上,开始针对集约用地过程中的障碍因素进行研究,范围覆盖耕地⑥和建设用地⑦的集约利用过程。王喜发现,周口市的耕地资源的集约利用主要受到趋于下降的耕地投入强度所制约⑧,提出国家应加大对农业的扶植力度以提高农用地的产出效益。宋成舜等的研究发现咸宁市土地集约利用的最大障碍因子 2010 年以前是人均国内生产总值,2010 年以后则是单位面积废气排放量⑨。樊鹏飞等从生态健康与低碳发展视角对集约用地进行了研究⑦,结果表明高度集约区的北京和天津集约用地的主要障碍因子集中在生态与环保方面,而中度集约区的秦皇岛和唐山则集中在土地利用程度和布局方面。由此可见,随着经济发展水平的提高,在逐步提高建设用地利用集约度的同时,还应兼顾生态环境保护,提高土地利用效益,建立和谐的人地关系⑩。

---

① 朱天明,杨桂山,苏伟忠,等. 长三角地区城市土地集约利用与经济社会发展协调评价[J]. 资源科学, 2009, 31 (7): 1109-1116.

② 翁翎燕,濮励杰,文继群,等.城市土地集约利用与经济增长的协整分析及因果关系检验——以江苏省无锡市为例[J].地理与地理信息科学,2010,26(2):72-75.

③ 何萍.城市土地集约利用与经济发展关系实证研究——以四川省为例[D].雅安:四川农业大学,2011.

④ 严金明.土地利用与城乡发展——2000 海峡两岸土地学术研讨会综述[J].中国土地科学,2000,14(6):25-27.

⑤ 曲福田,吴郁玲.土地市场发育与土地利用集约度的理论与实证研究——以江苏省开发区为例[J].自然资源学报,2007,22(3):445-454.

⑥ 宋利利,秦明周,陈瑜琦,等. 基于县级面板数据的河南省耕地利用集约度区域差异及其影响因素[J]. 水土保持研究, 2016, 23(4): 239-244.

⑦ 樊鹏飞,梁流涛,陈常优,等. 城市土地集约利用评价及障碍因子诊断——基于生态健康与低碳发展视角[J]. 水土保持通报, 2016,36(4): 273-279.

⑧ 王喜,彭宏杰,樊鹏飞,等. 耕地集约利用评价及障碍因素分析研究——基于突变级数模型[J]. 资源开发与市场, 2016, 32(8): 902-906.

⑨ 宋成舜,熊征,刘懿光. 城市土地集约利用效益障碍因子研究——以咸宁市为例[J]. 水土保持研究, 2016, 23(2): 327-332.

⑩ 陈海燕. 转变经济发展方式背景下土地集约利用机理研究[D].南京:南京农业大学,2011.

2.2 建设用地区域配置研究

建设用地规模扩张和强度变化等方面的特征,为我们进行建设用地配置研究可以起到有益的指引。目前国内外学者在建设用地规模和强度两方面已经积累了大量的研究结果和经验,这在上述文献综述中已经进行了梳理和总结。本书研究的核心是建设用地的区域配置问题,所以下面针对国内外已开展的建设用地区域配置理论方法等相关的研究进行专门的回顾。

1) 国外建设用地区域配置研究

二战后,很多西方国家都出现了政府对市场的干预,遵循"没有规划就不许开发"的原则,通过土地利用规划实现建设用地在空间上的配置。面对区域发展的差异性,西方经济学家提出,当部分地区显现出优于其他地区的发展势头时,国家应当实行非均衡发展战略,对这些地区通过给予政策倾斜的方式激励其持续快速发展,以获取较高的投资收益和发展速度,并充分发挥其扩散效益和辐射效益带动周边和其他地区发展①。对此,通过划定功能分区引导建设用地的分区管制。国外虽没有确切的如用地指标分解等表述,但在各级各类规划中对相应区域范围内的用地规模严格设限,并对宏观层面的用地空间格局进行干预和协调。如美国主要通过用地增长管理对建设用地规模进行控制,从而抑制城市空间扩张②③。美国的土地规划管理中公众参与程度较高,参与者主要包括普通市民、社会组织、房地产开发商和政府官员等。此外,日本也十分重视土地利用与管理决策中公众参与的作用④。美国、日本、德国、欧盟等都非常重视在国土开发中对空间进行管制,划定功能分区,根据各个不同功能分区发展方向实行不同的区域政策⑤⑥。德国巴伐利

① Peterson, George E. The influence of zoning regulations on land and housing prices [R]. Washing, D.C.: The Urban Institute, Working Paper NO. 1207-24, 1974:1-12.

② Retno Susanti, Sugiono Soetomo, Imam Buchori, et al. Smart Growth, Smart City and Density: In Search of The Appropriate Indicator for Residential Density in Indonesia[J]. Procedia-Social and Behavioral Sciences, 2016, 227(14): 194-201.

③ Cooley T F, La Civita C J. A theory of growth controls[J]. Journal of Urban Economics, 1982(12): 129-145.

④ Noriko Okubo. The development of the Japanese legal system for public participation in land use and environmental matters[J]. Land Use Policy, 2016, 52(3): 492-500.

⑤ 李鸿有. 当代美国大都市区分区规划制的实施及影响[D]. 长春:东北师范大学,2009.

⑥ 程雪阳. 荷兰的分区规划、土地征收与房地产管理[J]. 行政法学研究,2012(2):124-130.

亚州按照经济发展水平，将城乡区域划分为三种不同的区域类型，并按照各地区不同的发展特点和用地需求，制定差别化的管理政策，促进资源和要素在城市与乡村地区之间自由流动，实现城乡区域之间协调发展①。

2）国内建设用地区域配置研究

建设用地作为我国土地资源管理中重要的规划管控对象，其区域配置首先表现为新增建设用地指标在区域间的分解，大致思路如下：①选取影响建设用地区域配置的因素指标，②选用适当的方法确定各指标权重，③根据各区域指标实际值和指标权重计算综合评价总分，④根据上级政府下达的指标规模计算各区域指标分配量②③。传统做法主要是基于社会经济发展需求完成建设用地相关指标的区域分解④⑤⑥。按此方法层层分解的建设用地指标，由于政府干预、经济社会宏观背景改变，导致建设用地调控方案难以适应不同区域对建设用地需求的变化，建设用地规划管控目标往往难以实现⑦。

我国各地区之间在经济增长、人口变化和资源禀赋等方面都存在显著差异，难以通过统一的用地标准来解决不同的用地供需矛盾态势，因而需要基于上述分异特征，探求更加科学合理的建设用地指标区际分配方法②⑧。各地区经济发展水平和资源禀赋的差异较大，应基于资源、环境、经济和社会等各方面要素进行空间开发适宜性分区分析，然后综合考虑建设用地扩展的经济社会发展需求和资源环境

---

① 叶剑平，毕宇珠．德国城乡协调发展及其对中国的借鉴——以巴伐利亚州为例[J]．中国土地科学，2010，24(5)：76-81.

② 洪建国，杨钢桥，苗欣，等．增量城镇用地区域配置研究——以湖北省为例[J]．中国土地科学，2008，22(12)：39-45.

③ 聂艳，于婧，于雷．土地利用规划学实验教程[M]．武汉：华中师范大学出版社，2014：118-140.

④ 张亚静．新增建设用地计划指标分配方法研究——以廊坊市为例[D]．保定：河北农业大学，2011.

⑤ 高艳侠．土地利用总体规划中乡镇新增建设用地指标分解研究[D]．武汉：华中农业大学，2011.

⑥ 郭珊珊．鹤峰县土地利用总体规划中新增建设用地指标分解研究[D]．武汉：湖北大学，2012.

⑦ 朱红波．建设用地指标分配的博弈分析[J]．国土资源，2005(5)：36-37.

⑧ 陆张维，吴次芳，岳文泽．土地利用总体规划建设用地指标区域动态分配问题研究[J]．中国土地科学，2010，24(8)：59-65.

承载力及其用地发展潜力，进行建设用地的配置①②。姜开宏和陈江龙等通过单位建设用地二、三产业增加值相对于单位耕地第一产业增加值的比较优势来探讨江苏省不同区域之间的用地布局③；王广洪和黄贤金等对国家级园区用地的相对集约度进行研究，提出用地配置应考虑相对集约度，以最低的耕地损失换取建设用地最大产出，真正优化土地资源的配置④；丁建中和金志丰等以泰州市为例，验证了建设用地空间拓展与空间开发潜力指数间的正相关关系，空间开发潜力是建设用地空间配置的重要依据⑤。部分学者还针对我国土地利用规划指标分配过程中遇到的难题进行了分析⑥，对规划修编过程中的控制指标分解方法进行探索，提出了多种适用于指标分配的数学模型或方法体系，如 AHP-GEM 模型⑦、因素法和半定量分析法⑧⑨等。李效顺等则转变常规思维，以中国建设用地增量配置面临的选择"困境"为研究起点，提出部门间配置和时空配置两步走的建设用地优化配置思路，在构建模型计量中国耕地资源损失的基础上，反演建设用地增量不同时空的三种配置⑩。还有学者提出，建设用地区域配置应符合效率原则，为建设用地空间配置的帕累托改进为目标⑪；基于建设用地边际效益均衡原则，构建建设用地区域优化

---

① 陈诚，陈雯，吕卫国. 基于空间开发适宜性分区的城镇建设用地配置——以海安县为例[J]. 地理科学进展，2009，28(5)：775-781.

② 王向东. 中国土地利用分区管制改革研究[D]. 杭州：浙江大学，2013.

③ 姜开宏，陈江龙，陈雯. 比较优势理论与区域土地资源配置——以江苏省为例[J]. 中国农村经济，2014(12)：16-21.

④ 王广洪，黄贤金，姚丽. 国家级园区用地相对集约度及其时空分异研究[J]. 中国土地科学，2007，21(4)：18-25.

⑤ 丁建中，金志丰，陈逸. 基于空间开发潜力评价的泰州市建设用地空间配置研究[J]. 中国土地科学，2009，23(5)：30-36.

⑥ 邱道持，廖万林，廖和平. 小城镇建设用地指标配置研究[J]. 西南师范大学学报(自然科学版)，2002，27(6)：970-973.

⑦ 殷少美，金晓斌，周寅康，等. 基于主成分分析法和 AHP-GEM 模型的区域新增建设用地指标合理配置——以江苏省为例[J]. 自然资源学报，2007，22(3)：372-378.

⑧ 陈文波，赵丽红，叶明珠，等. 省级基本农田数量确定与指标分解方法初探[J]. 中国土地科学，2006，20(6)：45-51.

⑨ 徐倩. 基于主体功能区的新增建设用地指标分配研究[D]. 南京：南京农业大学，2014.

⑩ 李效顺. 基于耕地资源损失视角的建设用地增量配置研究[D]. 南京：南京农业大学，2010.

⑪ 贺瑜，刘艳芳，涂美义. 建设用地区域配置的帕累托改进[J]. 国土资源科技管理，2008，25(5)：109-112.

配置模型[①]。

大量关于建设用地规模扩张空间特征的研究结果都在一定程度上反映了我国现阶段建设用地区域配置的实际结果[②③]，过去很长一段时期内，我国的建设用地规模扩张都呈现出区域不平衡的特征，尤其集中在东部发达地区。未来社会经济发展中，经济发达地区应借助经济发展方式的转变带动土地利用方式转变，进而逐步实现建设用地减量化配置[④]。建设用地减量化是经济发展达到一定水平后的结果[⑤]，可以区分为建设用地增量的减量化和建设用地总量的减量化，总量减量化是建设用地规模管控的最终目标，而增量减量化则是实现该目标的必经途径[⑥⑦]，建设用地减量化的推进要注意地区和时机的恰当性[⑧]，有针对性地进行建设用地区域配置[⑨]。

2.3 研究评述

如上所述，近年来国内外学者对建设用地规模增长、集约利用、区域配置开展了较多研究，已经积累了较为丰富的成果，并且为建设用地管理实践提供了较好的参考和借鉴。通过分析可以发现，已有研究成果在以下几个方面还存在不足：

(1) 国外学者对建设用地规模增长的时空演变特征及驱动因素等方面进行分析后，普遍认为需要制定政策措施来抑制用地的扩张趋势；而国内学者则更加关注其在区域之间的差异性，认为用地规模扩张应与其发展阶段特征、资源供给能力等

---

① 张恒义. 中国省际建设用地空间配置效率研究[D]. 杭州：浙江大学，2011.

② 黄季焜，朱莉芬，邓祥征. 中国建设用地扩张的区域差异及其影响因素[J]. 中国科学(D辑：地球科学)，2007，37(9)：1235-1241.

③ 赵涛，庄大方，冯仁国. 1990年代我国新增非农建设用地的空间分异特征[J]. 经济地理，2004，24(5)：648-652.

④ 刘红梅，孟鹏，马克星，等. 经济发达地区建设用地减量化研究——基于“经济新常态下土地利用方式转变与建设用地减量化研讨会”的思考[J]. 中国土地科学，2015，29(12)：11-17.

⑤ 姜大明. 学习贯彻党的十八届五中全会精神 全面节约和高效利用资源[J]. 国土资源，2015(12)：36-38.

⑥ 庄少勤. “新常态”下的上海土地节约集约利用[J]. 上海国土资源，2015(3)：1-8.

⑦ 王克强，马克星，刘红梅. 上海市建设用地减量化运作机制研究[J]. 中国土地科学，2016，30(5)：3-12.

⑧ 吴沅箐，殷玮. 上海近远郊地区建设用地减量化差异探析[J]. 上海国土资源，2015(4)：43-46.

⑨ 姜海，吕图. 浅析建设用地减量化的“三适”原则[J]. 中国国土资源经济，2016(6)：15-17，64.

相符。

(2) 国内外现有关于土地集约利用的研究比较多，主要集中于指标体系、评价方法、集约内涵等方面，其中关于定量评价的研究绝大部分都是通过构建多层次指标体系来完成的，由于采用的是综合指标，会影响在建设用地管理实践中基于研究结果明确具体调控思路的可操作性。此外，对土地集约利用与经济发展关系的定量研究主要集中在协调评价、协整检验和因果关系检验几个方面，而对于不同经济发展阶段土地集约利用响应的差异性在建设用地区域配置中的应用研究则较为缺失。

(3) 国内外关于建设用地区域配置的研究结果在一定程度上为建设用地增量指标的区域优化配置提供了借鉴和参考。但是，目前已有关于建设用地指标区域配置的研究大多是基于社会经济发展需求及建设用地利用现状等总量指标进行的新增建设用地指标的分解，较少考虑未来社会经济发展的资源供给保障能力和生态环境保护压力；少数将效率指标纳入建设用地区域配置中的研究也主要局限在经济效益方面，未能考虑不同地区之间发展阶段的差异性特征，无法兼顾土地利用所追求的效率与公平。而减量化配置理念的提出则为建设用地区域优化配置提供了较好的科学指导，经济发展阶段不同的地区，其减量化配置的任务和目标也有所不同，进一步强化了区域差别化配置建设用地这一科学问题。

基于上述，本研究拟以我国经济发展阶段和资源供给保障能力的区域分异规律为出发点，以资源配置的综合效率为目标，构建我国建设用地增量指标的区域优化配置路径，实行建设用地的区域差别化管控，促进区域协调发展。

3 基本概念与理论基础

对基本概念进行准确界定，对基础理论进行清晰梳理，这是开展科学研究的重要基础。基于本书的研究对象和研究目标，此处首先对研究中涉及的建设用地、建设用地增量、区域配置、空间均衡、资源禀赋、资源配置效率等基本概念的内涵加以界定。然后，分别介绍为本书研究得以开展提供科学支撑的基础理论，主要包括系统控制理论、区域协调发展理论、经济发展阶段理论、资源稀缺性理论、人地协调理论、可持续发展理论等。

3.1 基本概念

3.1.1 建设用地

根据国土资源部 2001 年颁布的《全国土地分类(试行)》，建设用地是指用于建造建筑物、构筑物，从而为人类各项生产、生活活动提供场地和空间的土地，一般包括城乡住宅和公共服务设施、独立工矿、交通运输、水利设施等各项用地。目前在已有学术研究和土地资源管理实践中，关于建设用地的具体界定大多采用我国土地利用现状分类体系中建设用地的含义。由于我国国土范围广阔，土地利用特征的地区差异十分显著，要建立一套全国统一的土地分类体系难度较大。我国目前适用的土地利用现状分类体系是先后经过多次调整才形成的。考虑到本研究需要涉及全国多个地区多年的建设用地数据，为满足时间序列和面板数据分析的要求，并保证不同年份之间数据的衔接性，本书采用国土资源部 2002 年 1 月颁发的《全国土地分类(过渡期间适用)》中对建设用地范畴的界定。该分类标准采用三级分类体系，一级类包括农用地、建设用地和未利用地三类，其中建设用地包括居民点及独立工矿用地、交通运输用地和水利设施用地 3 个二级类，之下又被细分为 13 个三级类。

3.1.2 建设用地增量

建设用地增量是反映建设用地数量变化特征的一项重要指标，从其内涵上可分为新增建设用地和净增建设用地两类。前者是指由农用地和未利用地转为建设用地的数量,仅考虑新增加的建设用地来源,不考虑因土地整理复垦等原因造成的建设用地减少;后者则是指两个时点之间建设用地数量的差值,同时考虑了新增建设用地的来源和因整理复垦等造成的建设用地减少,即建设用地净增量=建设用地新增量－建设用地减少量①。

从其内涵分析可知,新增建设用地更强调对开发空间的拓展,而忽视了存量用地的潜力挖掘,研究结果不能直接为建设用地总量管控目标的实现提供参考;而对建设用地净增量的研究则可以直接有效地为建设用地总量规模的扩张管控提供参考。同时由两者之间的公式可知,在建设用地净增量一定的情况下,要想获得尽可能多的拓展空间,使建设用地新增量最大化,则必须在符合各项规划安排的前提下,尽量多开展建设用地内涵挖潜,这对集约用地水平的提高也有很大的促进作用。同时,开展科学研究还必须要考虑资料的可获得性,因此本书的研究对象建设用地增量是指建设用地净增量,即目标年区域建设用地总规模减去基期年区域建设用地总规模。本研究的基期年定为 2010 年,目标年定为第三轮土地利用总体规划的目标年 2020 年,故本书中的建设用地增量是指 2020 年建设用地规模减去 2010 年建设用地规模得到的建设用地净增量。

3.1.3 建设用地区域配置

建设用地区域配置就是指建设用地资源在不同区域之间的配置规模和比例关系。我国主要是通过土地利用规划的编制和实施来完成建设用地资源在不同地区间的配置的。土地利用规划是依据区域社会经济发展和土地的自然历史特性在时空上进行土地资源分配和合理组织土地利用的综合技术经济措施②。建设用地资源在空间上的分配是我国土地利用规划的核心内容之一,完整意义上的建设用地资源配置应该包括宏观(区域)、中观(部门)和微观(宗地)三个层次③。其中,宏观层次的区域配置是发挥我国土地利用规划对国民经济发展的战略调控功能的重要途径。在充分考虑区域社会经济发展和自然资源状况差异的基础上进行建设用地资源在不同区域间的科学合理配置,最大限度地满足各区域的粮食安全、经济增长和生态保护等多目标需求,最终实现控制区域建设用地总量规模的管理目标。

---

① 李效顺.基于耕地资源损失视角的建设用地增量配置研究[D].南京:南京农业大学,2010.

② 王万茂.土地利用规划学[M].北京:科学出版社,2006:21.

③ 姚小薇.建设用地优化配置研究——以襄樊市城区为例[D].武汉:中国地质大学,2009.

3.1.4 空间均衡

空间均衡的概念最早是在经济学领域中提出来的，后被应用到包括土地资源管理在内的诸多其他研究领域。空间均衡一般通过“经济社会活动在空间上的均匀分布程度”来测度，是建立在自然条件相似的匀质空间基础上的。然而，实际上各区域之间经济发展的资源环境基础存在很大差异，空间均衡不应局限于数量均衡，而应着重在状态均衡，即在尊重区域基础条件差异性前提下的均衡①。同样地，建设用地资源配置的空间均衡不是指建设用地规模扩张趋势在区域间呈现均等的态势，而是要与各区域的经济发展阶段特征、资源环境基础条件之间达到一种良性耦合的状态，反映区域土地开发利用活动与建设用地的需求紧迫性、供给约束性之间相互匹配和协调的关系。实现建设用地资源的空间均衡配置，有利于形成合理的区域经济组织和生产力格局，从而促进我国区域社会经济协调发展目标得以实现②。

3.1.5 资源禀赋

据《现代汉语词典》(7 版)解释，禀赋原是指“人的体魄、智力等方面的素质”。经济学中将其含义引申为一个国家或地区的资源状态，具体可包括自然资源、资本和人力资源等要素。由于在社会经济发展中，资本和人力资源等要素功能的发挥都必须以自然资源为基础，因此，自然资源禀赋便成了资源禀赋研究的重心之一，其具体含义是指由于区域的地质、地貌、土壤、植被、气候、水文等自然条件的不同而导致该区域的资源属性在要素组成、数量结构、空间分布等方面所形成的差异。本研究以建设用地可拓展空间来表征区域土地资源禀赋状况，主要是指自然条件适宜开展建设开发活动且开发利用后不会影响生态系统稳定性的土地资源，其具体数量为区域土地总面积扣除林地、草地和水域等生态敏感区、基本农田保护面积以及现状建设用地规模的余额。

3.1.6 资源配置综合效率

“效率”一词最早出现在经济学领域，由意大利经济学家维尔弗雷多·帕累托(Vilfredo Pareto)提出，又称作“帕累托效率”(Pareto efficiency)③。经济学意义上

---

① 陈雯. 空间均衡的经济学分析[M]. 北京：商务印书馆，2008：44-46.

② 吕晓，黄贤金. 县域建设用地扩张的空间均衡态势分析——以江苏通州为例[J]. 地理与地理信息科学，2015，31(5)：53-59.

③ 王佐. 建设用地配置效率评价及影响机制研究[D]. 杭州：浙江工业大学，2015.

的资源配置效率是指在一定的技术水平条件下各生产要素在各产出主体间的分配所产生的效益。"帕累托效率"是资源分配的一种理想状态,即在该既定的资源分配状态下,任何改变都无法使其中至少一方的状态得以改善而又不会令其他任何一方的状况变坏。

建设用地资源作为人类社会生存和发展的重要物质基础,人类对其进行开发利用的目标除获取经济效益外,同时还追求相应的生态效益和社会效益等①。因此,本书对于建设用地资源配置效率内涵的界定,从土地综合效益、人地关系协调的角度出发,把"效率"定位在"综合效率"上,从社会、经济、生态等多方面进行全面考虑和综合评价。建设用地资源在不同区域间的配置结果要能够最大限度地兼顾全国及各区域的粮食安全、经济增长和生态保护等多目标需求,在多个目标不能同时得到充分满足的情况下,要权衡各区域社会经济发展和自然资源禀赋的实际状况,使我国的建设用地资源区域配置方案能够实现"帕累托效率"。

3.2 理论基础

3.2.1 系统控制理论

1) 系统思想

人类社会很早就出现有关系统思想的论述,无论中国还是西方都有相关阐述。如中国的《周易》《黄帝内经》《孙子兵法》都存在丰富的系统思想;古希腊系统思想的集大成者亚里士多德曾提出整体"由若干部分组成,其总和并非是一种堆集,而其整体又不同于部分"②。但作为一门学科,却直到 20 世纪 40 年代才由美籍奥地利生物学家贝塔朗菲提出,其思想主要集中在《关于一般系统论》及《一般系统论的基础、发展和应用》两本著作中。后来出现的耗散结构理论、协同学、突变论、混沌理论等理论进一步促进了系统学科的发展。系统科学的出现及发展引起了人类思维方式的巨大变革,对人类和社会产生了巨大的冲击。

目前,人们一般认为系统是由诸多要素组合起来的具有某种特定功能的有机整体。其具有以下特征:

(1) 整体性。系统的整体性是指系统是以一个整体的形式发挥作用,具有各个要素所不具有的功能,也不是各个要素的功能的简单相加。

(2) 相关性。系统的相关性是指系统的要素是相互联系、相互作用的。如果

① 毕宝德. 土地经济学[M]. 7 版. 北京:中国人民大学出版社,2016:20-23.

② 北京大学哲学系外国哲学史教研室. 古希腊罗马哲学[M]. 北京:三联书店,1957:37.

将系统比喻为一张大网，那么每个要素就是这张大网中的一个节点。一个要素发生变化，相邻的要素也会随之发生变化。

(3) 层次性。系统的层次性是指组成系统的诸要素在系统中的地位与作用上表现出等级秩序性。每个系统是上一级系统的构成要素，同时其本身又由下一级系统构成。

(4) 开放性。系统的开放性是指系统总是与外部环境进行着物质、能量、信息的交换，从外部环境中得到物质、能量和信息，同时又向外部环境释放物质、能量和信息。正是在这种交换中，系统不断提高自身的有序程度；一旦停止了这种交换，系统有序程度将不断降低，系统将失去活力。

(5) 动态性。系统的动态性是指系统自身及其环境处于不断运动和变化之中，只不过有些系统变化明显一些，有些系统变化不很明显。

系统思想，要求将研究对象看作是一个系统，分析系统的结构和功能，从研究要素、系统和环境三者互动等角度分析问题。

2) 控制论

“控制论”一词来自希腊语，原意为掌舵术。20 世纪 40 年代，美国人维纳借用了这个词汇，出版了著作《控制论》，标志着控制论这一新兴学科的诞生。

维纳认为控制论是“关于在动物和机器中控制和通信的科学”①。目前，人们一般认为控制论是研究各类系统的调节和控制规律的科学。控制论认为，任何一个系统都可以看作是自动控制的系统，每个控制系统都是由控制者、受控者和传递者三个部分所组成。控制者发布控制信息，传递者将信息传递给受控者，受控者按控制信息行事并将执行的情况反馈给控制者。因此，整个控制过程就是一个信息流通的过程，其中反馈对系统的控制和稳定起着决定性的作用，它为控制者下一步行动提供了依据。

3) 土地利用系统及控制

土地利用系统是土地自然生态子系统和土地社会经济子系统通过人口子系统为纽带和接口耦合而成的土地生态经济系统②。土地利用系统是个复杂的大系统。首先，土地利用系统涉及自然生态、社会经济、人口等多个要素或子系统，各要素或子系统之间并非简单的线性关系，再加上这些要素或子系统在时空分布上的非均衡性以及人在土地利用系统中占据的重要地位，决定了土地利用系统的庞大性与复杂性。其次，土地利用过程既包括自然再生产过程，也包括经济再生产过

---

① [美]维纳. 控制论：或关于在动物和机器中控制和通信的科学[M]. 郝季仁，译. 北京：北京大学出版社，2007.

② 王万茂，王群. 土地利用规划学[M]. 北京：北京师范大学出版社，2010：12-15.

程，受到多种因素影响，从而导致系统运行的不确定性较强，进一步增强了土地利用系统的复杂性①。

作为一个规模庞大、结构复杂的人工自然复合系统，土地利用系统具有自组织力量。但其自组织的结果既可能是从无序到有序的进化，也可能是从有序到无序的退化，因此，需要对土地利用系统进行控制。当然，土地利用系统控制必须以遵循土地利用系统的自组织机制为前提。土地利用系统控制，一方面需要协调各要素或子系统之间的关系以保持系统正常运转；另一方面在系统运行状态出现偏差时进行纠正。此外，土地利用系统控制要强调整体性，着眼于整个系统的优化，而不是某个要素或子系统的优化。目前，土地利用控制已成为许多国家政府广泛采用的干预措施，土地征收、规划控制、税收调节、土地整治等都是经常采用的具体控制方法。

3.2.2 区域协调发展理论

在经济发展的过程中，区域经济差异普遍存在于世界各地，是区域经济学研究的热点问题之一，并形成了不同的理论观点。区域经济均衡发展理论认为随着经济社会的发展区域经济最终将会走向均衡，并认为在市场经济条件下，资本、人口、技术等生产要素在区域之间合理流动与配置，能够实现区域协调发展②。区域经济均衡发展理论的主观愿望是好的，但与发展中国家的客观现实之间存在很大的差距，无法为发展中国家的发展指明方向。因此，20 世纪 50 年代以后，一些学者提出了区域经济非均衡发展理论，如增长极理论、点轴开发理论、中心外围理论等。区域经济非均衡发展理论从现在所有的资源稀缺角度指明均衡增长的不可行性，认为经济发展的不均衡是必然现象，非均衡发展是绝对的，均衡发展是相对的；强调向一些重点区域或部门倾斜，先发展它们，然后再带动整个区域的经济发展。区域经济非均衡发展理论虽然克服了区域经济均衡发展理论的缺陷，但并没有回答非均衡发展的“度”的问题，也没有充分考虑如何解决非均衡发展产生的经济社会问题③。对此，学者们又提出了区域协调发展理论。

19 世纪 30 年代，针对区域经济非均衡发展产生的经济社会问题，就有学者开始探讨区域协调发展问题，但直到 20 世纪中叶，有关区域协调发展系统研究才真正开始。区域协调理论主要探索区域之间如何通过良性互动、有序竞争实现区域

---

① 董祚继．中国现代土地利用规划研究[D]．南京：南京农业大学，2007.

② 陈雯．空间均衡的经济学分析[M]．北京：商务印书馆，2008：44-46.

③ 张艳丽．基于 GIS 的甘肃省区域经济时空变化与协调发展研究[D]．兰州：兰州大学，2012.

之间经济的共同发展，其不是简单地否定均衡发展理论与非均衡发展理论，而是认为不管采取什么发展手段、战略，最终的目的应该是实现区域发展的动态平衡。

由于我国幅员辽阔、区域差异较大，区域经济发展不均衡现象比较突出。改革开放之前，我国主要实行均衡发展战略。这一战略的实施，使我国中西部地区经济获得了较快的发展，但人为地抑制了东部地区经济的发展，降低了国家的整体经济发展效率。改革开放之后，我国实行了非均衡增长的战略。在这种战略思想指导下，东部沿海地区经济发展迅速，但也造成了区域经济发展差距日趋扩大等问题。在这种情况下，我国政府开始对区域经济发展政策进行反思，组织人员对区域协调发展问题进行研究，并在《关于国民经济和社会发展十年规划和第八个五年计划纲要报告》中提出了区域经济协调发展战略。

由于土地要素在我国经济发展中具有重要作用，因此土地资源合理配置是实现我国区域协调发展的重要手段。为此，在土地资源配置时，不仅要考虑土地利用效率问题，还要考虑区域公平问题。不能因为东部地区土地利用效率高，就将新增建设用地指标更多地分配给东部地区。对于不同地区，也不应该实行"一刀切"的土地政策，而应根据不同区域的土地资源禀赋、经济社会发展水平制定区域差别化的土地政策。当前，为了促进区域协调发展，新增建设用地指标可以适当向中西部倾斜，土地管制政策在中西部地区执行时也可以适当宽松一些。

3.2.3 经济发展阶段理论

经济发展阶段理论是西方经济发展理论的一个重要领域。任何一个国家（地区）的经济发展都是一个从量变到质变的过程，具有阶段性特征。经济发展阶段理论主要研究经济发展阶段的划分、各个经济发展阶段的特征、经济发展过程的一般规律、发展中国家经济发展的途径等问题①。

经济发展阶段理论的先驱是德国历史学派的代表李斯特，他认为各国经济一定会依次经过狩猎社会、畜牧社会、农业社会、农工业社会、农工商业社会五个发展阶段，且处于不同发展阶段的国家应该采取不同的经济政策。因此，他主张德国应该采取保护国内产业政策，而不应像英国那样推行自由放任政策，因为德国与英国处于不同的发展阶段。李斯特的这一主张被德国政府采纳，有力地促进了德国经济快速发展，充分显示了经济发展阶段理论的价值②。随后，许多学者提出各种划分经济发展阶段的方法，但总体而言二战以前的经济发展阶段理论缺乏理论深度，

---

① 周学.经济发展阶段理论的最新进展及其启示[J].经济学动态，1994(5)：46-50.

② 吕光明.我国沿海和内地区域经济发展阶段的比较与评价[D].大连：东北财经大学，2002.

容易陷入形式上的时期划分。

二战之后，随着全球经济的快速发展，一些学者开始重新对经济发展阶段进行研究，形成了许多价值较高的研究成果，具有代表性的理论主要有：

(1) 罗斯托的经济发展阶段理论。该理论由美国经济学家罗斯托(Rostow)提出，他将经济发展划分为传统社会阶段、为起飞创造条件阶段、起飞阶段、成熟阶段、高消费阶段、追求生活质量阶段六个阶段。传统社会阶段的特征是农业占据首要地位，且通常为封闭或者孤立的经济；为起飞创造条件的阶段是向起飞阶段过渡的阶段，获得发展所需要的资金是该阶段要解决的关键难题；起飞阶段，经济增长由缓慢增长转变为持续快速增长，这一阶段相当于工业化初期，是传统社会进入现代社会的分水岭；成熟阶段的特点是主导部门发生更替，现代技术利用更加广泛；高消费阶段，耐用消费品普遍化，耐用消费品的生产部门成为主导部门；追求生活质量阶段，人们开始追求生活的舒适、文化娱乐方面的享受，“生活质量”的增进程度成为衡量国家(地区)是否成熟的标志。罗斯托认为主导部门的不断更替是经济发展阶段更替的主要原因，其中经济发展六个阶段的主导部门分别是农业、农产品初级加工业、纺织工业、重工业和制造业、汽车工业、服务业和城建等部门①。

(2) 钱纳里的经济发展阶段理论。美国经济学家钱纳里通过对一些准工业国家的经济发展的实证研究，认为任何国家和地区的经济发展都会经过传统社会、工业化初期阶段、工业化中期阶段、工业化后期阶段、后工业社会及现代化社会六个阶段。传统社会，产业结构是以农业为主，几乎没有现代工业，生产力水平很低；工业化初期阶段，产业结构由以农业为主逐步向以工业为主转变，但工业以初级产品生产、劳动密集型产业为主；工业化中期阶段，工业由劳动密集型产业为主转向资金密集型产业为主，第三产业开始快速发展；工业化后期阶段，第三产业成为社会主导产业，是区域经济增长的主要力量；后工业社会，技术密集型产业迅速发展并成为主导产业；现代化社会，知识密集型产业成为主导产业，人们的需求更加多样化。钱纳里认为任何一个国家经济发展阶段的演进都是通过产业结构转化来推动的。

(3) 弗里德曼的经济发展阶段理论。美国区域发展与区域规划专家弗里德曼以“核心—边缘”理论为依据，将区域经济发展分为前工业阶段、过渡阶段、工业阶段及后工业阶段四个阶段。前工业阶段，区域生产力水平低下，农业经济占绝对优势，空间上没有核心区、边缘区之分；过渡阶段，核心区、边缘区开始分离，城市区域成为核心区，而广大的农村则成为边缘区，空间二元结构十分明显；工业阶段，资源

① 吕光明.我国沿海和内地区域经济发展阶段的比较与评价[D].大连：东北财经大学，2002.

进一步向核心区集聚，核心区与边缘区的差距进一步加大；后工业阶段，核心区与边缘区的界限会逐渐消失，区域空间走向一体化①。

经济发展是土地利用变化的主要动力之一，产业结构决定了土地利用结构。不同的经济发展阶段，产业结构不同，因此土地利用呈现出不同特点。在前工业化阶段，农业是区域的主导产业，此时需要的主要是农业用地，因此土地利用的竞争主体主要是农用地和生态用地，主要表现为生态用地不断转变为农用地。在工业化阶段，第二、三产业成为主导产业，此时需要的主要是第二、三产业用地，因此农用地和生态用地将逐渐转变为非农建设用地。在后工业化阶段，第三产业成为主导产业，第三产业用地需求更多；同时随着人们生态意识的不断增强和对居住环境要求的不断提高，生态用地需求也越来越多。所以，这个阶段土地利用的竞争主体也是建设用地、农用地和生态用地，但主要表现为农用地的减少和生态、建设用地的增加②。总体来讲，在一国工业化进程中，土地利用结构随着产业结构改变而改变，即随着农业产值比重下降、非农产业产值比重上升，土地利用结构变化呈现出农业用地面积减少、非农建设用地面积增加、非农建设用地扩张由外延扩张转向以内涵挖潜为主等特征。

3.2.4 资源稀缺性理论

从亚当·斯密奠定经济学原理开始，物品具有稀缺性就是经济学的两大核心思想之一③。所以说稀缺的概念在经济学中有至关重要的作用。经济学的出发点是从稀缺开始的。

什么是资源稀缺？资源稀缺，并不是指某种资源的绝对量少，而是指在某个时空节点上，与资源需求相比较，资源供给是相对不足的。有关资源稀缺问题的研究可追溯到古典经济学。古典经济学家马尔萨斯 1798 年在其著作《人口原理》中提出了资源绝对稀缺论。他认为，自然稀缺是绝对的、必然存在的现象，技术进步并不能改变这一现象。1817 年，李嘉图则提出了自然资源的相对稀缺论，认为自然资源不存在均质性，承认自然资源数量的相对稀缺，但这并不构成对经济发展不可逾越的制约和障碍。1848 年，穆勒则认为技术进步可以延伸自然资源的稀缺性。

19 世纪 70 年代之后，经济学家逐渐关注如何实现稀缺资源合理配置问题，并且认为市场机制可以解决资源与发展之间的矛盾，因为价格机制和技术进步会促

---

① 陈映. 区域经济发展阶段理论述评[J]. 求索，2005(2)：16-18.

② 赵翠薇，濮励杰，孟爱云，等. 基于经济发展阶段理论的土地利用变化研究——以广西江州区为例[J]. 自然资源学报，2006，21(2)：172-179.

③ 保罗·萨缪尔森，威廉·诺德豪斯. 经济学[M]. 16 版. 北京：华夏出版社，2001：2.

使人类不断寻找新的资源去代替已有资源。许多学者对于解决资源稀缺问题持有乐观态度。但是1972年罗马俱乐部发表《增长的极限》的研究报告,提出要避免因超越地区资源极限而导致世界崩溃的最好方法是限制增长,即"零增长",这一结论引起世人的普遍关注和忧虑。此后,经济学家继续对资源稀缺问题进行探讨,并引申出诸如环境经济学等多个新兴学科①。

与一般自然资源稀缺一样,土地资源稀缺性也是指相对于人类不断增长的需求,土地资源供应是有限的。由于土地资源有用途之分,因此同一个区域相同时期不同用途的土地资源稀缺性会有所不同。此外,土地资源的供求规律与一般商品的供求规律也不同。对于一般商品而言,当其价格上升,商品生产厂家就会增加供给;而对于土地资源而言,由于一个区域土地资源数量是固定的,再加上土地用途变更的困难性,因此无论土地价格如何上涨,土地的供给数量也不会变化太大,即土地资源供给弹性较小,土地价格主要取决于市场需求。

3.2.5 人地协调理论

人地协调理论是一种新型的人地关系理论。人地关系是自人类社会产生以来便已存在的客观现实,它反映的是人与自然环境之间的互动状态。随着人类社会的不断发展进步,人们对于人地关系的认识,即人地关系理论也在不断改变着:最初的环境决定论是一种唯物论的观点,它强调自然环境对社会发展起决定作用,人类各种活动都是受到环境的制约,是一种环境宿命论;工业革命以后的征服自然论是一种唯意志论的观点,过分强调人类的主观能动性,认为人类是自然的主人;最后逐渐发展为当前的人地协调理论,强调人类与环境之间相互依存、协调发展,是一种辩证唯物论观点②。

人地协调理论的基本内涵主要包括以下两个方面:一是实现经济增长与环境保护相协调。经济增长与环境保护并不是完全对立的关系,两者也具有相互促进、相辅相成的关系。环境保护为经济持续增长提供了物质基础和条件,经济增长为环境保护提供了资金与技术,而且两者最终目的都是为了人类。二是谋求人与地(自然)和谐相处。虽然人是自然界的一个组成部分,但人具有改造自然的能力。人改造自然的结果,既可能是改进自然系统,也可能是破坏自然系统。破坏自然系统,最终受害者仍然是人类。因此,人类必须把坚持尊重自然规律和发挥人的主观能动性紧密结合起来,在改造自然的过程中认识自然规律、遵循自然规律、利用自然规律,不断地打破旧的平衡,建立新的平衡,实现人与自然共同发展。

---

① 王振昌.中国稀土资源出口问题及其对策分析[D].长春:吉林大学,2014.

② 孔伟.区域土地利用结构预测及优化研究[D].南京:南京农业大学,2007.

土地作为人类社会生存和发展的基础，人类在利用土地时，必须遵循人地协调理论，在尊重自然的前提下，合理开发利用和保护土地资源。协调人地关系，一方面要控制人口的增长；另一方面要提高土地利用率和土地生产率，充分利用现有土地①。但是，提高土地利用率和土地生产率是有一定限度的，不可能无限度地提高，而且土地过度利用也会造成土地质量下降、生态环境破坏等问题。因此，在确定区域土地利用策略时，应认真研究区域土地资源禀赋、社会经济发展对土地资源的需求、土地利用对环境的影响，建立区域差异化的土地利用开发模式，从而实现区域人地关系协调发展、土地资源可持续开发利用。

3.2.6 可持续发展理论

20 世纪以来，世界经济得到迅速增长，人类物质文明大大丰富，但同时也使人类和自然的关系急剧恶化，严重威胁着人类的生存和发展。在这种背景下，可持续发展作为一种全新的发展理念开始出现并引起国际社会的普遍关注。

何谓可持续发展？目前并没有一个统一的定义，不同的学者从不同的角度进行不同的解释，但综合各种定义，可以看出可持续发展的核心思想是改变单纯追求经济增长的传统发展模式，要求在经济增长的同时保护生态环境，为后代人发展提供条件。

可持续发展作为现代人类社会发展所追求的最终目标，若想真正得到实现，则必须遵循以下三项原则②：

（1）公平性原则。可持续发展要求发展既要实现同代人之间的公平，又要考虑不同时代人之间的公平。同代人之间的公平就是要求发展成果能够被全体人员共享，所有人员的基本需要都能得到满足。不同时代人之间的公平，主要是针对当代人而言，要求当代人认识到自然资源与环境是人类生存与发展的基础，不能只顾自身利益，盲目开发自然资源，破坏生态环境，结果使得后代人无法享受优美的生态环境，没有多少自然资源可供开发，这实际就是侵犯后代人的权利，对后代人来讲就是不公平。

（2）持续性原则。可持续发展不仅追求人与人之间的和谐，也追求人与自然之间的和谐。人类是大自然系统中的一个组成部分，离开了大自然，人类将无法生存。因此，人类的经济建设和社会发展都不能破坏大自然系统，要顾及自然资源与生态环境的承载能力，要保持自然资源的永续利用和生态系统的可持续性。

（3）共同性原则。可持续发展思想是为了解决全球性问题而提出的，因此其

---

① 王万茂，王群. 土地利用规划学[M]. 北京：北京师范大学出版社，2010：12.

② 王万茂. 土地资源管理学[M]. 2 版. 北京：高等教育出版社，2010：335.

实施也需要全球各国共同行动，在社会经济发展中遵循公平性原则与持续性原则。共同性原则要求世界各国都应改变过去不可持续发展模式，实施可持续发展战略，但这并不是要求各国具有一致的可持续发展目标、政策和实施步骤，我们不能用发达国家的标准来要求发展中国家，各国应该根据本国情况制定可持续发展战略，但发展中国家也不能仍然实行以前单纯追求经济增长的传统发展战略，而应将可持续发展作为政策制定的依据。

现代人类活动的规模和性质已经对后代的生存构成了威胁。在这个背景下，可持续发展理论就成为对所有自然资源开发利用以及人类一切经济活动的准则，包括土地资源利用在内。根据可持续发展理论，在区域土地资源开发利用中，必须注重土地资源的可持续性利用，实现土地利用的综合效益（经济、生态、社会效益）最大化。为此，首先应为区域经济发展提供必要的土地保障。可持续发展首要是发展，而不是不要发展。因此，应对区域土地资源进行统筹安排，确保各区域合理的土地需要。其次应引导用地主体不仅关注土地的经济效益，还要关注土地的生态效益、社会效益，必须节约利用土地，将土地利用行为对区域生态环境的破坏速度控制在区域环境承载力范围之内。

4 建设用地增量指标区域优化配置路径构建

本章拟在对我国建设用地规模变化的时空演变特征及其影响因素分析的基础上，选取相应指标构建均衡度模型对我国建设用地增量空间配置格局进行定量评价。然后，依据评价结果提出我国建设用地指标区域优化配置分析框架。

4.1 建设用地规模变化及影响因素分析

4.1.1 建设用地规模变化的时空演变特征分析

本书研究的区域范围为中国 31 个省（区、市）。2000—2008 年建设用地数据来源于历年全国土地利用变更调查报告，由于在本书撰写过程中第二次全国土地调查数据成果尚未全面公布，因此 2009—2010 年的建设用地数据是在 2008 年建设用地数据的基础上，根据历年《中国国土资源公报》《中国国土资源统计年鉴》中关于建设用地审批和复垦整理等方面相关数据整理得来，具体结果见表 4-1。本书后续各章节凡涉及建设用地相关数据，数据来源及处理方法均与此相同，不再重复介绍。

表 4-1 2001—2010 年我国 31 个省（区、市）建设用地规模 单位：万 hm^2

省（区、市）	2001	2002	2003	2004	2005	2006	2007	2008	2009	2010
北京	29.09	30.25	30.85	31.97	32.30	32.73	33.26	33.77	34.53	35.28
天津	30.45	31.06	31.41	34.36	34.63	34.87	36.03	36.82	37.62	38.43
河北	166.72	168.49	169.14	169.88	173.25	177.06	178.19	179.42	181.18	182.95
山西	81.61	82.17	82.75	83.69	84.05	85.83	86.53	86.95	87.67	88.40
内蒙古	136.25	137.61	139.57	141.70	143.92	145.61	147.76	149.24	150.83	152.42
辽宁	131.90	132.28	132.66	136.28	137.01	137.96	139.13	139.88	140.99	142.09
吉林	103.32	104.00	104.21	104.58	104.98	105.48	106.02	106.53	106.93	107.32
黑龙江	145.57	145.98	146.22	147.02	147.35	147.80	148.29	149.25	149.73	150.22

续表

省区	2001	2002	2003	2004	2005	2006	2007	2008	2009	2010
上海	21.83	22.24	22.68	23.37	23.51	23.71	24.29	25.35	25.70	26.05
江苏	167.33	171.36	174.44	180.73	183.15	186.91	190.24	193.42	196.79	200.17
浙江	80.73	83.77	87.42	90.68	94.09	97.48	101.31	104.93	108.12	111.31
安徽	157.73	158.98	159.87	161.34	162.18	163.95	165.24	166.18	167.12	168.05
福建	54.76	55.34	56.42	57.61	58.89	61.24	63.12	64.73	66.05	67.37
江西	86.70	87.55	88.90	89.65	90.62	92.72	94.00	95.42	96.54	97.65
山东	228.21	230.25	233.56	238.36	242.24	246.23	248.88	251.06	253.98	256.90
河南	208.80	209.64	212.44	213.96	215.22	216.65	217.75	218.66	219.22	219.78
湖北	132.93	133.82	134.44	135.54	136.76	137.83	139.02	140.04	140.95	141.85
湖南	130.28	131.49	132.22	133.14	133.87	136.21	137.36	139.01	140.16	141.32
广东	157.50	161.71	165.26	168.53	171.53	175.28	177.69	178.96	181.79	184.62
广西	86.43	87.15	87.66	89.01	90.97	93.25	94.40	95.36	96.58	97.80
海南	28.94	29.09	29.09	29.19	29.26	29.32	29.59	29.81	29.91	30.01
重庆	51.62	51.95	54.00	55.90	56.91	57.75	58.58	59.32	60.24	61.16
四川	151.05	152.29	153.34	154.68	156.22	157.83	158.76	160.35	161.62	162.89
贵州	51.25	51.81	52.51	53.49	54.06	54.67	55.19	55.71	56.31	56.91
云南	72.64	73.99	74.92	76.41	77.53	78.77	79.88	81.59	82.83	84.06
西藏	5.34	5.50	5.98	6.13	6.32	6.46	6.60	6.73	6.86	6.98
陕西	77.70	78.31	78.83	79.51	79.90	80.55	80.93	81.68	82.16	82.64
甘肃	95.59	95.80	96.01	96.42	96.70	96.97	97.24	97.72	98.00	98.27
青海	30.28	30.65	31.03	31.21	31.96	32.17	32.46	32.71	33.06	33.42
宁夏	18.43	18.57	18.69	19.77	20.31	20.53	20.86	21.24	21.61	21.98
新疆	112.49	118.20	119.96	121.05	122.07	122.66	123.43	123.98	125.37	126.76
全国	3 033.47	3 071.30	3 106.48	3 155.16	3 191.76	3 236.48	3 272.03	3 305.82	3 340.45	3 375.06

我国建设用地规模变化的时空演变特征可以通过比较不同时点、不同地区的变化幅度和变化速度来进行分析。

建设用地规模变化幅度是指在研究期间建设用地规模变化的绝对数量，它从总量上反映建设用地规模扩张的趋势。通过建设用地规模变化幅度可以了解其变化的总体态势，计算公式如下：

$$\Delta S = S_b - S_a \quad (4\text{-}1)$$

式中，ΔS 表示建设用地在研究期间的变化幅度；S_a、S_b 分别表示研究期初和研究期末建设用地的总面积。

建设用地规模变化速度可以通过单一土地利用动态度来反映，即某一研究区域一定时期(周期)范围内某种土地利用类型的数量变化情况①，其计算公式为：

$$K = \frac{S_b - S_a}{S_a} \times \frac{1}{T} \times 100\% \quad (4\text{-}2)$$

式中，K 表示研究时段(周期)内某一土地利用类型动态度；S_a 表示研究期初该土地利用类型的数量；S_b 表示研究期末该土地利用类型的数量；T 表示研究时段，当 T 的时段设定为年时，K 的值就是该土地利用类型的年变化率②。

1) 2000—2010 年我国建设用地规模变化的时序特征

根据公式(4-1)、(4-2)计算得出 2000—2010 年我国建设用地规模的变化幅度和变化速度，结果见图 4-1。

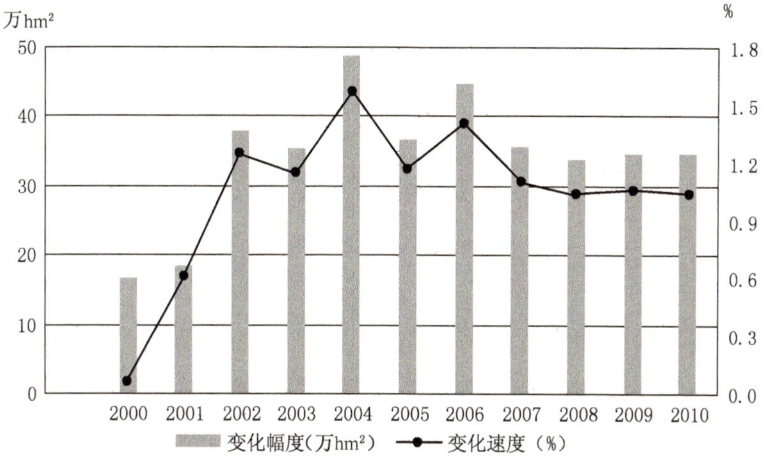

图 4-1 2000—2010 年我国建设用地规模变化

由图 4-1 可以看出，在 2000—2010 年整体上我国建设用地总规模呈现持续扩张的趋势，但建设用地规模的变化幅度和变化速度在此期间波动较大。具体到不同年份来看，研究期初 2000 年的建设用地变化幅度和变化速度分别为 16.47 万

①② 孔伟. 区域土地利用结构预测及优化研究[D]. 南京：南京农业大学，2007.

hm^2、0.055%，是研究期间的最低值；此后建设用地规模开始呈现加速扩张趋势，2004 年达到研究期间的最高值，变化幅度和变化速度分别为 48.65 万 hm^2、1.57%；2005—2010 年间，我国建设用地规模仍呈现持续扩张的趋势，但变化幅度和变化速度开始呈现下降趋势，表明我国建设用地总规模的扩张趋势较此之前有明显收敛。这一方面与我国社会经济发展的阶段性特征有关，说明我国开始逐步转变经济增长方式，土地利用方式也开始由粗放式向集约式转变；另一方面也与土地资源的稀缺性造成的供给紧约束有很密切的关系，随着建设用地规模的不断扩张，农用地和未利用地面积不断减少，未来我国建设用地的可拓展空间越来越小，土地资源供给的紧约束倒逼社会经济发展从存量建设用地内部寻求潜力空间，提高土地利用集约度，从而使建设用地规模扩张趋势得到缓解。

2）我国建设用地规模变化的区域分异特征

根据公式(4-1)、(4-2)计算得出 2000—2010 年我国各省(区、市)的建设用地规模变化幅度和变化速度，结果见图 4-2。

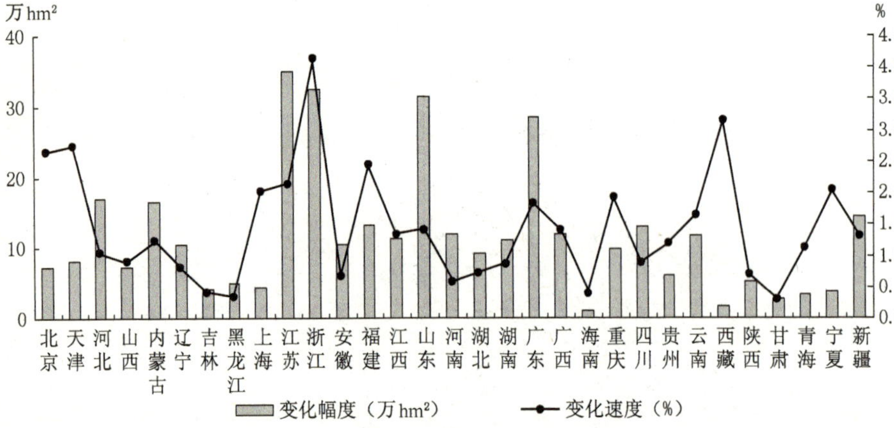

图 4-2　2000—2010 年我国各省(区、市)建设用地规模变化

由图 4-2 可以发现，2000—2010 年我国 31 个省(区、市)建设用地规模的变化趋势存在很大差别。从变化幅度来看，经济总量较大、经济发展水平较高的江苏、浙江、广东、山东等东部沿海省份，建设用地规模变化的幅度相对较大；经济总量较小、经济发展水平较低的西藏、甘肃、宁夏等西部省区，建设用地规模变化的幅度相对较小。从变化速度来看，变化速度较高的省区除作为西部大开发战略重点实施区域的西藏外，其他省区大多集中在东部较发达地区。这种空间差异特征在一定程度上与许多学者得出的经济增长与建设用地扩张之间逐步呈现脱钩关系的研究结论不相符。这也是对我国建设用地区域配置问题深入研究的必要原因之一。

4.1.2 建设用地规模变化影响因素分析

根据供求理论，建设用地规模变化的影响因素需要从用地需求和资源供给两个方向考虑。建设用地是人类进行生产、生活活动所依赖的重要空间和资源基础，人口规模的增加和经济总量的增长都将直接引起对其需求数量的不断上升。不同地区土地资源禀赋的丰盈程度不同，对建设用地供给的约束力不同，从而导致未来一定时期内建设用地扩张的趋势也有所差异。

1）经济因素

建设用地作为区域发展的重要资源基础，其规模变化将直接受到区域所制定的经济增长目标的影响。要实现既定的经济发展总量目标，必然需要消耗一定数量的建设用地资源作为支撑，规划目标要完成的地区生产总值、非农产业增加值和固定资产投资额越高，则需要的建设用地数量也越大；反之，需要的建设用地数量则越小。对比我国不同地区的建设用地规模变化趋势，经济总量较大、增长较快的地区，其建设用地增量扩张趋势往往也相对较为明显。2010 年，我国东部地区 10 省 GDP 占全国 GDP 总量的 53.62%，非农产业增加值占全国总量的 55.36%，全社会固定资产投资额占全国总额的比例接近 45%，相应地，其建设用地增加规模占全国建设用地增量总规模的比例高达 50.28%。由此可以看出，我国建设用地规模扩张的空间格局与经济增长的格局基本相似。

此外，随着所处发展阶段的不同，区域经济增长方式亦有所变化，从而建设用地等土地资源的利用方式也会随之发生变化。处于初级发展阶段的地区，其经济增长方式往往较为粗放，相应地，其资源开发利用的效率较为低下，土地集约利用水平不高，经济发展要依靠消耗大量的土地资源作为代价，建设用地规模变化的外延扩张特征极为显著。随着发展阶段的不断提升，发展方式也逐步由粗放转为集约，区域资源开发利用的效率快速提高，土地集约利用水平增加显著，区域发展中对土地资源消耗的依赖性也逐步减弱，随着经济增长，建设用地的扩张趋势亦有所减缓。

2）社会因素

影响建设用地规模变化的社会驱动力主要有人口、城镇化等因素。人口因素对建设用地变化的影响因人口规模、收入水平、人口素质等的不同而有所差异①。其中，对建设用地规模变化影响最为显著的是人口规模的变化，两者之间的相关系数为 0.87，说明两者之间存在显著的正相关。人口规模的增加主要通过对住房、

① 陈春，冯长春. 中国建设用地变化驱动力研究[M]. 北京：北京大学出版社，2014：83-84.

就业等需求的增加引起对居住用地、工业用地、商服用地等的需求增加，从而导致建设用地规模的扩张。

食物、住所和工作可以说是当今社会人类生存与发展的三个基本条件。然而，当这些基本条件都被满足之后，人类就会开始追求更优越的生存条件，包括衣、食、住、行等各种条件的改善，从而推进工业化的发展，随之而来的对土地资源，尤其是建设用地的需求也会越来越多。除了基本的住房和工作场所外，人类还开始追求更多的社交场合，以满足情感和归属等更高层次的需求，从而对景观环境、休闲游憩等设施用地产生更多的需求，这在很大程度上成了城镇化进程的助力，从而推动建设用地规模的不断扩张。

3）自然因素

自然因素是指土地自身的条件，主要包括当地的地形、地貌、水文、气候等方面。这些条件都会对建设用地利用产生影响，在特定的经济发展和科学技术水平下，甚至可能会直接决定区域土地资源的可利用性。地形地貌条件是影响土地开发活动的最重要因素，尤其是对生产建设活动的适宜性有极大的影响①。不同的地形地貌条件会对建设用地扩张的方向和趋势产生不同的引导和制约作用。相比海拔过高的高原或者起伏不平的山坡地，在地势平坦的平原地区开展生产建设活动的成本较低，人类活动的集聚趋势明显，建设用地扩张的速度也较快。气候和水文条件是人类选择聚居地时考虑的关键因素，地表水资源丰富、年降水量和平均气温适宜的地区，往往是人类活动的重要聚集地。人类活动的大规模集聚必然引起大量的生产建设活动，从而会进一步导致建设用地规模的不断扩张。

海拔不高、地势平坦、水网密布、年降水量和平均气温适中等是从事生产建设活动的有利条件，会引起建设用地规模的不断扩展。我国东北平原、华北平原和长江中下游平原等地区正是符合了上述条件，水土资源匹配较佳，是我国社会经济发展较快的地区，其建设用地面积占土地总面积的比例、建设用地扩张的速度也都明显高于中西部自然条件相对较差的地区。可见，自然资源禀赋越丰厚的地区，用地供给的约束力越小，建设用地扩张的趋势越明显；反之，自然资源禀赋越薄弱的地区，用地供给的约束力越大，从而建设用地规模扩张的趋势也会受到越大的遏制。

4）政府因素

除上述经济、社会和自然等方面因素外，建设用地规模变化还受到来自政府方面的因素影响，既包括由中央及地方各级政府所制定的各类土地利用与管理政策法规体系的影响，还包括来自地方政府的土地财政现象的影响。我国不同社会经

① 吝涛，李新虎，张国钦，等. 厦门岛城市空间扩张特征及其影响因素分析[J]. 地理学报，2010，65(6)：715-726.

济发展阶段土地资源管理的背景各异，与之相对应，所实行的土地管理政策也不相同，从而对建设用地规模扩张产生了不同的推动或抑制作用。另一方面，由于中央和地方政府财税分权，地方政府的事权与财权不匹配，加之以 GDP 为主的政绩考核制度，催生了我国的土地财政现象①，最终导致大量农用地被城镇建设侵占，建设用地规模快速增长。

在本书接下来的定量化研究中，并未将上述政府因素纳入模型中进行考量，其主要原因是政策制度方面的因素难以通过指标进行量化分析，土地财政现象的影响则主要发生在地方政府及其以下层面。本书接下来以全国作为研究范围，省级区域作为研究的基本单元，在这个层面上的土地财政因素影响相对较弱，因此可以不做考虑。

4.2 建设用地增量配置空间均衡度评价

随着工业化、城镇化进程的不断推进，我国建设用地规模呈现持续扩张趋势，社会经济发展对建设用地的刚性需求与资源供给相对稀缺之间的矛盾日益凸显。我国不同地区社会经济发展和资源禀赋的差异极为显著，对建设用地的需求紧迫性和供给能力也颇为悬殊。实现有限的土地资源在空间上的均衡分配，是缓解我国建设用地供求矛盾、促进区域协调发展的重要前提。

从经济学的角度看，空间均衡往往通过“经济社会活动在空间上的均匀分布程度”来测度②。考虑各地区间社会经济发展及资源禀赋的差异，建设用地的空间配置应该不仅注重建设用地数量的分配，还应从区域协调发展的要求出发，注重各地区资源开发利用与供求因素之间的相互协调，这种情况下的建设用地配置才是空间均衡的。目前关于建设用地空间配置的研究大多集中在配置方法、配置效率等方面，其中对配置效率的研究则侧重于对经济效益的评价，研究的主要结论是适当增加东部发达地区的建设用地指标③④。现有研究由于没有考虑区域间社会经济发展和自然资源禀赋的非均衡性，主要研究结论未能真正遵循空间效率均衡原则。鉴于此，本书试图以区域协调发展为目标，以供求理论为指导，通过构建建设用地增量指标配置的空间均衡度模型，评价我国建设用地增量指标在 31 个省（区、市）之间分配的均衡度，并对各省（区、市）的失衡状态进行具体判断，以期为我国建设

① 陈春，冯长春. 中国建设用地变化驱动力研究[M]. 北京：北京大学出版社，2014：97.

② 陈雯. 空间均衡的经济学分析[M]. 北京：商务印书馆，2008：44-46.

③ 陈江龙，曲福田，陈雯. 农地非农化效率的空间差异及其对土地利用政策调整的启示[J]. 管理世界，2004(8)：37-42，155.

④ 张恒义. 中国省际建设用地空间配置效率研究[D]. 杭州：浙江大学，2011.

用地区域间科学合理配置提供借鉴和参考。

建设用地增量指标配置空间是均衡还是失衡，主要通过指标配置强度与用地需求紧迫性及供给能力的区域对应关系来反映①。资源供给能力强、用地需求量大的地区，应配置较多的建设用地指标；相反则应配置较少的用地指标。这样的建设用地增量指标配置格局总体上是均衡的，反之则存在空间失衡。基于上述原因，此处拟采用建设用地增量配置强度指数与建设用地供求因素指数之间的关系来评价我国建设用地增量省际配置的空间均衡度。

4.2.1 指标选择与说明

建设用地增量指标配置强度包括时间和空间两个维度的含义，本书分别选取建设用地增速和增量指标占全国的比重来表征。其中，建设用地增速反映区域建设用地指标配置规模相对于区域用地现状的强度，计算公式为：

$$\frac{\text{区域年末建设用地规模}-\text{区域年初建设用地规模}}{\text{区域年初建设用地规模}}\times 100\%$$

增量指标占全国的比重反映区域建设用地指标配置规模在全国所占份额，计算公式为：

$$\frac{\text{区域年末建设用地规模}-\text{区域年初建设用地规模}}{\text{全国年末建设用地总规模}-\text{全国年初建设用地总规模}}\times 100\%$$

建设用地供求因素则选取 GDP 增量、非农产值增量、固定资产投资②、总人口增量、土地开发强度和人均耕地面积共计六项指标来表征。其中，GDP 增量、非农产值增量、固定资产投资和总人口增量主要反映由区域社会经济发展带来的对建设用地需求的增加；土地开发强度和人均耕地面积主要反映区域生态保护和粮食安全目标前提下的建设用地供给保障能力。

4.2.2 评价模型

1）指标无量纲化

在进行定量分析时，不同评价指标之间的量纲不同，直接应用其原始数据进行分析会对评价结果产生较大影响，因此为消除因指标量纲不同而可能造成的影响，

---

① 陈雯，孙伟，赵海霞. 区域发展的空间失衡模式与状态评估——以江苏省为例[J]. 地理学报，2010，65(10)：1209-1217.

② 固定资产投资指标取值为当年全社会固定资产投资完成额。

须对指标原始数据进行无量纲化处理。本书此处选用极差法①进行处理，计算公式如下：

正向指标：
$$x_i' = \frac{x_{ij} - x_{i\min}}{x_{i\max} - x_{i\min}} \tag{4-3}$$

负向指标：
$$x_i' = \frac{x_{i\max} - x_{ij}}{x_{i\max} - x_{i\min}} \tag{4-4}$$

式中，x_i' 为第 i 项指标的标准化值；x_{ij} 为第 j 个地区第 i 项指标的实际观测值；$x_{i\max}$ 为第 i 项指标的最大值；$x_{i\min}$ 为第 i 项指标的最小值。

2）指数计算

在指标数据无量纲化的基础上，采用算术平均法和几何平均法相结合的方式分别计算建设用地增量配置强度指数与供求因素指数②，数学表达式为：

$$DI = \frac{1}{2}\left(\frac{LS + IL}{2} + \sqrt{LS \times IL}\right) \tag{4-5}$$

$$PD = \frac{1}{2}\left(\frac{GP + NA + FC + PO + AR + PA}{6} + \sqrt[6]{GP \times NA \times FC \times PO \times AR \times PA}\right) \tag{4-6}$$

式中，DI 为建设用地增量指标配置强度指数；LS 为建设用地增速；IL 为建设用地增量指标占全国的比重；PD 为建设用地供求因素指数；GP 为 GDP 增量；NA 为非农产值增量；FC 为固定资产投资额；PO 为总人口增量；AR 为土地开发强度空间；PA 为人均耕地面积。

3）均衡度计算

建设用地增量指标配置空间均衡度的计算公式如下：

$$EI = \left[\frac{DI \times PD}{(\alpha \times DI + \beta \times PD)^2}\right]^k \tag{4-7}$$

式中，EI 为建设用地增量指标配置空间均衡度指数；α、β 为待定参数，且 $\alpha + \beta = 1$，考虑配置强度和供求因素在评价中的作用，此处设定 $\alpha = \beta = 0.5$；为增强计算结果的层次性，采用 k 作为调节系数，此处设定 $k = 5$。

① 叶宗裕．关于多指标综合评价中指标正向化和无量纲化方法的选择[J]．浙江统计，2003(4)：24-25.

② 陈逸，黄贤金，陈志刚，等．中国各省域建设用地开发空间均衡度评价研究[J]．地理科学，2012，32(12)：1424-1429.

4）失衡指数计算

将配置强度指数与供求因素指数之商定义为失衡指数，用以反映各区域建设用地增量指标配置过度或不足的具体状态①。计算公式如下：

$$DE = DI/PD \tag{4-8}$$

式中，DE 为失衡指数。$DE = 1$ 为均衡配置状态，$DE > 1$ 表示配置过度，反之则表示配置不足。

4.2.3 数据来源

本书所涉及的社会经济数据均来源于《中国统计年鉴》及各省（区、市）统计年鉴，全部经济数据均按 2000 年可比价计算；建设用地数据来源见本章第一节。

4.2.4 结果与分析

根据公式(4-3)～公式(4-8)，采用全国 31 个省（区、市）（不含港、澳、台地区）2005—2010 年的社会经济和建设用地数据对我国建设用地增量指标配置的空间均衡度和失衡指数进行计算，结果见表 4-2、表 4-3 和表 4-4。

1）评价结果

由公式(4-7)可以判断，均衡度指数 EI 的取值范围为 $0 \sim 1$，$EI = 1$ 表示绝对均衡，为理想状态；$EI = 0$ 则表示完全不均衡的状态。据此，本书将均衡度指数划分为优质均衡（0.9～1）、勉强均衡（0.6～0.9）、轻度失衡（0.3～0.6）和严重失衡（0～0.3）四个等级，以反映各省（区、市）建设用地增量指标配置的均衡程度。

表 4-2　我国各省（区、市）建设用地增量指标配置强度指数和供求因素指数

省（区、市）	配置强度指数	供求因素指数	省（区、市）	配置强度指数	供求因素指数
北京	0.10	0.05	湖北	0.29	0.34
天津	0.20	0.13	湖南	0.46	0.32
河北	0.51	0.38	广东	0.38	0.48
山西	0.36	0.31	广西	0.89	0.30
内蒙古	0.48	0.50	海南	0.06	0.21

① 陈雯，孙伟，赵海霞．区域发展的空间失衡模式与状态评估——以江苏省为例[J]．地理学报，2010，65(10)：1209-1217.

续表

省(区、市)	配置强度指数	供求因素指数	省(区、市)	配置强度指数	供求因素指数
辽宁	0.24	0.38	重庆	0.22	0.27
吉林	0.14	0.38	四川	0.36	0.32
黑龙江	0.18	0.48	贵州	0.22	0.27
上海	0.21	0.14	云南	0.60	0.34
江苏	0.54	0.43	西藏	0.06	0.29
浙江	0.63	0.35	陕西	0.19	0.32
安徽	0.37	0.27	甘肃	0.06	0.34
福建	0.47	0.30	青海	0.08	0.26
江西	0.42	0.28	宁夏	0.12	0.31
山东	0.58	0.46	新疆	0.26	0.38
河南	0.36	0.33			

由表 4-3 可以看出，我国共计 22 个省份处于均衡状态，占全国的 70.97%，其余 9 个省份处于失衡状态。其中，内蒙古等 10 个省(区、市)的均衡度指数在 0.9～1 之间，处于优质均衡状态；安徽等 12 个省(区、市)的均衡度指数在 0.6～0.9 之间，处于勉强均衡状态；北京等 3 个省(区、市)的均衡度指数在 0.3～0.6 之间，处于轻度失衡状态；吉林等 6 个省(区、市)的均衡度指数在 0～0.3 之间，处于严重失衡状态。

表 4-3 我国各省(区、市)建设用地增量指标配置空间均衡度

状态		均衡度	包含省(区、市)
均衡	优质均衡	0.9～1	内蒙古、河南、四川、湖北、山西、重庆、山东、贵州、江苏、广东
	勉强均衡	0.6～0.9	安徽、河北、湖南、新疆、上海、江西、天津、辽宁、福建、陕西、云南、浙江
失衡	轻度失衡	0.3～0.6	北京、宁夏、黑龙江
	严重失衡	0～0.3	吉林、广西、海南、青海、西藏、甘肃

总的来看，我国建设用地增量指标配置整体基本均衡，但各省(区、市)之间均衡程度存在较大差异。处于失衡状态的省份主要分布在经济发展相对落后的西南

地区和土地资源禀赋丰厚的东北地区，而经济发展速度较快、发展水平较高的中、东部地区基本都处于均衡状态。由此看来，我国建设用地增量指标的空间配置与社会经济发展、资源禀赋的空间格局在一定程度上是相符的。

表 4-4　我国各省（区、市）建设用地增量配置失衡状态

区域状态	省（区、市）	失衡指数		
		相对于供求	相对于需求	相对于供给
过度配置	广西	2.98	3.93	2.58
	北京	1.94	0.08	49.23
	浙江	1.82	1.12	3.02
	云南	1.74	2.88	1.39
	福建	1.57	1.19	1.96
	天津	1.52	0.66	9.04
	江西	1.52	1.63	1.46
	上海	1.51	0.59	∞
	湖南	1.44	1.18	1.68
	河北	1.35	1.01	1.71
	安徽	1.33	1.36	1.32
	江苏	1.25	0.66	2.97
基本均衡	山东	1.24	0.69	2.58
	山西	1.15	1.70	0.95
	四川	1.11	1.08	1.13
	河南	1.08	0.78	1.42
	内蒙古	0.96	1.68	0.76
	湖北	0.88	0.75	0.98
	重庆	0.81	0.96	0.74
	贵州	0.80	2.67	0.55
	广东	0.79	0.40	2.03

续表

区域状态	省(区、市)	失衡指数		
		相对于供求	相对于需求	相对于供给
配置不足	新疆	0.67	1.68	0.48
	辽宁	0.64	0.49	0.80
	陕西	0.59	0.82	0.50
	宁夏	0.39	2.15	0.25
	黑龙江	0.36	0.68	0.28
	吉林	0.36	0.60	0.28
	海南	0.30	0.91	0.21
	青海	0.29	1.49	0.19
	西藏	0.22	1.35	0.15
	甘肃	0.16	0.49	0.11

2) 失衡状态判断

资源配置的空间均衡状态不仅要求区际间状态相对均衡，还要求区域内供需基本平衡。为了更具体地判断各省(区、市)建设用地增量指标配置空间失衡的状态，除综合考虑供给与需求因素的失衡指数外，本书又应用公式(4-8)分别单独计算了各省相对于需求因素和供给因素的失衡指数，即配置强度指数与需求因素指数或供给因素指数之商，结果见表4-4。由于$DE=1$的绝对均衡配置是理想状态，在现实中难以实现，因此根据表4-4中的计算结果，本书此处将$0.75\leqslant DE\leqslant 1.25$认定为基本均衡，$DE<0.75$为配置不足，$DE>1.25$为过度配置。据此可判断，我国各省(区、市)建设用地增量指标配置总体基本均衡，但部分省份仍处于过度配置或配置不足的失衡状态。

过度配置的省份大多分布在东部沿海地区和中部地区部分省份。东部沿海地区各省份的过度配置，主要是由于资源禀赋较薄弱所导致的，从需求因素看建设用地指标配置大多属于基本均衡或配置不足状态，但相对供给因素则均属过度配置，说明长期快速的工业化、城镇化发展进程累积对用地空间的占用，已对其生态环境和粮食安全等问题造成了巨大压力，未来必须兼顾经济发展与环境保护。中部地区的江西、安徽等省份相对供给和需求因素都属于过度配置状态，说明其存量建设用地中可挖掘的潜力空间较大，发展空间的持续扩张也给生态保护和粮食安全造成了较大的压力，未来工业化、城镇化发展应重点向存量要空间。

基本均衡配置的各省份之间均衡状态也有一定的差异，比如广东等省份整体上看基本均衡，但其相对于需求因素和供给因素的均衡状态完全不同，相对于需求因素属配置不足，而相对于供给因素则属过度配置，说明资源瓶颈约束已成为其社会经济发展的障碍，用地的外延式扩张已无以为继，亟须转变经济增长方式，实现建设用地高效利用。而重庆、湖北等省份相对于需求因素和供给因素虽均属基本均衡配置，但仍存在一定程度上的不足，应在不突破用地供给约束的前提下适当增加其发展空间，为其工业化、城镇化进程的稳步推进提供用地支撑。

配置不足的省份主要包括东北三省和中西部经济欠发达、少数民族地区。东北地区正处于社会经济快速发展阶段，用地需求量较大，资源禀赋也较丰厚，其相对于供给和需求因素均属于配置不足状态，发展的用地缺口较大；中西部地区经济欠发达和少数民族分布的部分省份，由于其所处的特定发展阶段，工业化、城镇化进程起步较晚，现阶段已累积拓展的用地空间较发达地区小得多，未来社会经济发展可拓展的用地空间相对较充足，因此相对供给因素均属配置不足状态，未来可适度增加用地空间的扩张，保障其特定发展阶段的土地代价性消耗需求。

3）原因分析

借鉴传统统计分析法的地理联系率①的概念，分别计算建设用地增量指标配置强度指数与供给因素指数、需求因素指数之间的地理联系率，据此进一步揭示我国建设用地增量指标配置空间失衡的原因。地理联系率的计算公式为②：

$$G = 100 - \frac{1}{2}\sum_{i=1}^{n} |S_i - P_i| \tag{4-9}$$

式中，G 为地理联系率；S_i 为建设用地增量指标配置强度指数；P_i 为供求因素指数。根据上述公式计算得出我国建设用地增量指标配置强度与供求因素之间的地理联系率为 77.30，说明我国在过去一段时期内的建设用地增量配置基本与各地区的供需能力相匹配。分别计算建设用地增量指标配置强度与供给因素、需求因素之间的地理联系率，结果发现与需求因素之间的地理联系率为 77.61，基本接近综合计算结果，而与供给因素之间的地理联系率则仅为 65.54，远低于 77.30 的综合水平。依据此计算结果并结合地理联系率的含义表明，我国过去一段时期内

① 地理联系率是反映两经济要素在地理分布上联系情况的指标。地理联系率越高，说明空间分布越均衡，两要素在地理分布上比较匹配；反之，则表明空间分布不均衡，两要素在地理分布上不匹配。

② 肖艳秋，杨德刚，唐宏，等.塔里木河流域人口—经济分布不均衡特征分析[J].干旱区地理，2012，35(2)：309-317.

的建设用地增量指标区域配置，对自然资源禀赋条件决定的用地供给保障能力的重视程度远不及对工业化、城镇化发展对建设用地资源的旺盛需求重视程度高，这在一定程度上导致了我国目前建设用地增量配置空间失衡的格局。

基于以上的评价结果和分析，我国在今后的土地利用总体规划编制工作中必须改变当前对经济增长的用地需求考虑过度的建设用地区域配置思路，除考虑社会经济发展引起的用地需求，尊重发展阶段特征的区域差异性外，更应高度重视指标配置与资源供给保证能力的匹配，充分尊重自然资源基础和生态环境系统的硬性约束，注重生态环境的保护与建设，促进区域协调发展战略目标的实现。

4.3 建设用地增量指标区域优化配置分析框架

由上述研究结论可知，目前我国建设用地增量配置存在着空间失衡的格局。因此，未来我国建设用地增量指标的区域分配应综合考虑各地区的社会经济发展及资源禀赋条件的差异，对不同类型区域的建设用地实行差别化的管制策略，进行建设用地增量指标区域优化配置，才能实现保护生态与保障发展的双赢局面，更好地促进区域协调发展战略目标的实现。而科学合理的区域划分则是进行区域优化配置的前提和关键，在分区的基础上进行建设用地增量指标的区域分配。

根据本章第一节的分析可知，影响建设用地规模变化的因素包括经济、社会、自然等许多方面，而这些因素对建设用地规模变化的影响又可以归纳为需求引导和供给约束两大类，管控区域的划分和增量指标的配置都应以这两大类因素的区域差异性为依据开展。在生态环境保护理论、发展阶段理论和集约用地理论的指导下，建设用地增量指标的区域分配首先应该针对各地区自身实际情况，在其资源禀赋决定的用地供给能力范围内，安排社会经济发展所需要的用地保障；其次，还应根据各地区所处社会经济发展阶段及土地利用现状特征，考虑其未来用地效率提升空间和提升能力的差异，从而对建设用地增量指标在不同类型的区域间实行差别化配置。建设用地增量指标区域优化配置路径见图4-3，并通过本书后续第 5 至 7 章的内容来具体完成其在全国层面 31 个省（区、市）之间的管控分区、初始分配和方案优化，最终实现我国建设用地增量指标区域配置综合效率的提升。

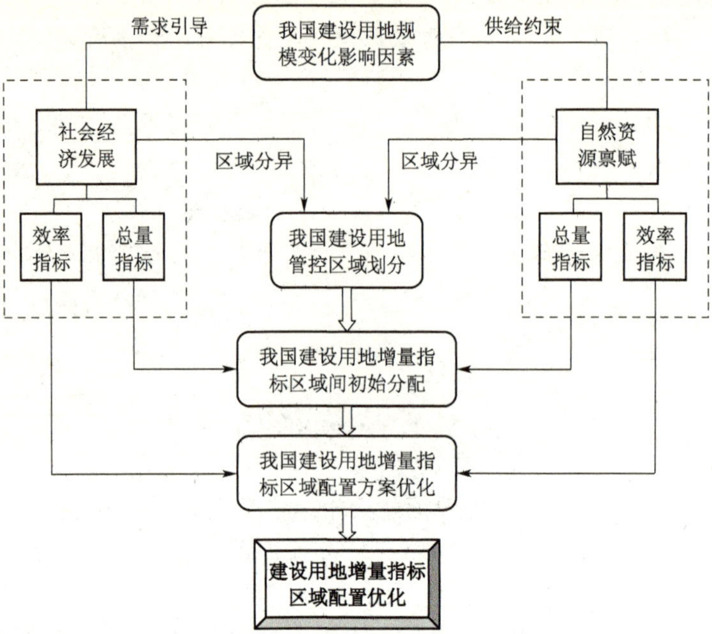

图 4-3　我国建设用地增量指标配置分析框架

4.3.1　区域协调发展的建设用地增量指标配置区域划分

在区域协调发展理论的指导下，充分考虑我国不同地区社会经济发展及其资源基础的共性和差异性，划分不同的建设用地增量指标配置区域类型。首先，对我国现有区域管控分区体系进行分析评价，提出应构建耦合经济发展与资源禀赋的建设用地管控分区体系；其次，分析处在不同发展阶段的地区其建设用地利用变化的特征差异，分别构建计量经济模型分析不同发展阶段地区建设用地规模扩张及集约度变化规律的差异；再次，测算不同地区基于资源禀赋的建设用地可拓展空间，分析各地区未来社会经济发展的资源基础的差异；最后，基于上述研究结果，通过经济发展与资源禀赋指标叠加的方法，并结合我国现有分区体系，建立区域协调发展的建设用地管控分区体系。

4.3.2　耦合发展需求与资源约束的建设用地增量指标规模测度

要实现建设用地指标在空间上的均衡配置，就必须在指标配置过程中兼顾社会经济发展引起的用地需求和自然资源禀赋决定的供给约束，及两者之间的区域对应关系。基于此，本研究分别从社会经济发展需求及资源供给约束两个角度选取指标建立指标体系，构建基于相对资源承载力的指标配置模型。考虑到我国土地资源开发利用与社会经济发展等都是在行政区域范围内决策实施的，本研究以省级行政单元为基本配置区域，应用我国 31 个省(区、市)的社会经济发展及自然资源禀赋相关数据，完成我国建设用地增量指标在不同区域间的初始分配。

4.3.3 基于资源配置综合效率的建设用地增量指标配置优化

不同区域资源配置所引起的用地效率水平不同，从而区域发展对建设用地资源需求的紧迫性亦有所差异。在区域协调发展和生态环境保护理论的指导下，应根据各区域实际发展阶段特征和资源环境状况，对我国建设用地增量指标的初始分配方案进行优化，以优先满足各区域现阶段发展最为紧缺的要素需求。从社会经济发展和自然资源禀赋两个方面分别选取可以反映资源配置综合效率区间差异性和区内相似性的指标，建立我国建设用地增量指标区域配置的修正指标体系，并通过主客观结合的方法确定各指标权重，然后计算各区域建设用地增量指标区域配置的综合修正系数。最后，以全国建设用地增量指标总规模为控制目标，对各区域初始分配所得的建设用地增量指标规模进行修正，从而得到我国建设用地增量指标的区域优化配置方案。

4.3.4 建设用地区域差别化管控策略构建

根据区域协调发展视角下的建设用地管控分区体系，及建设用地增量指标区域优化配置研究结果，针对各区域经济发展阶段及资源禀赋特征的差异，从增量供给、门槛约束、存量挖潜等方面研制符合区域特征的建设用地管控政策体系，以保证建设用地增量指标区域优化配置目标的实现。

4.4 本章小结

本章首先对我国 2000—2010 年建设用地规模变化特征及其影响因素进行了分析，结果发现：(1)我国建设用地总规模整体上呈现不断扩张的变化趋势，但扩张的速度呈先上升后下降的变化特点，表明我国建设用地总规模的扩张趋势近年来在不断减弱；(2)我国 31 个省(区、市)建设用地规模的变化趋势存在很大差别，建设用地规模变化与经济总量、经济发展水平基本呈正相关，由此所呈现出来的区域分异特征与许多学者提出的“脱钩”理论不太相符；(3)我国建设用地规模变化主要受经济增长、社会发展、资源禀赋等因素的影响，其中经济增长和社会进步导致建设用地需求不断增长，而自然资源禀赋则构成建设用地资源供给的硬约束。

在此基础上，本章构建了数学模型对我国建设用地增量配置的空间均衡度进行定量化评价，结果发现：(1)我国建设用地增量指标配置整体基本均衡，但各省份之间状态差异较大，部分省份处于失衡状态；(2)指标配置与区域经济、资源禀赋格局基本相符，但一定程度上仍存在对由资源禀赋所决定的用地供给保障能力差异考虑不足的问题；(3)我国今后的建设用地区域配置应兼顾与发展需求、供给能力之间的匹配，尊重区域发展阶段特征的差异，注重生态环境的保护与建设，才能保证区域协调发展目标得以实现。

在上述分析的基础上，本章最后提出我国建设用地增量指标的优化配置路径：(1)基于不同地区之间社会经济发展及自然资源禀赋的共性和差异性，将全国划分为不同类型的建设用地指标配置区域；(2)选择总量指标构建耦合经济发展需求和资源禀赋供给的量化模型，完成我国建设用地增量指标在区域间的初始分配；(3)选取反映经济发展阶段特征和资源供给保障能力的效率指标，构建数学模型对初始分配方案进行修正，实现我国建设用地增量指标的区域优化配置。

5 区域协调发展的建设用地管控分区体系构建

我国幅员辽阔、人口众多，不同地区的经济发展和资源禀赋存在着较大差异，区域协调发展是国家必须面对的一个重大战略问题。国家“十一五”规划纲要曾明确提出，各地区的发展应该以自身的资源环境容量和未来发展潜力为基础，确定合理的发展目标和恰当的战略定位，最终全国范围的发展格局才能逐步趋于合理化。不同地区的社会经济发展与资源禀赋之间差异明显，客观上要求必须因地制宜地利用与管理建设用地，实行差别化的区域管控策略。考虑到我国区域间经济发展和资源禀赋差异悬殊，因此需要基于此进行建设用地管控分区，分区结果既要反映区域自然条件和资源环境状况的差异，又要体现区域发展阶段特征和未来发展趋势。针对不同地区自然条件、资源禀赋及社会经济发展特征，制定与之相配套的土地利用战略，实施差别化的区域管控政策，对建设用地利用实施政策导向和约束，增强区域间的协调互动，从而实现资源高效利用、人地关系协调的发展目标。

5.1 现有区域管控分区体系述评

简单来说，区域就是一定范围的地域，通常是指地球表面存在的特定范围的空间。区域的概念最早出现于地理学研究领域，且一直是经济地理学研究的核心概念。20 世纪以来，社会学、行政学、政治学和经济学等各学科领域对区域问题的研究均日趋重视，但是对于区域这一概念的内涵，迄今尚未有统一的界定。而对于区域类型的划分也有各种不同的角度，比如按照区域形态可分为点区域、线区域和面区域，按照区域发展水平可分为发达区域、次发达区域和不发达区域等。

新中国成立以来，我国陆续开展了自然区划、经济区划等多种类型的区划工作。目前关于分区的类型和提法有很多，区域层面出台的规划和政策也较多。对于土地利用管控分区而言，最基础及最常见的有主体功能区划、四大板块、土地利用综合分区及行政区划等。

5.1.1 主体功能区划

所谓主体功能区划是指在充分了解各地区的资源环境容量、开发现状及潜力空间等特征的前提下，基于上述因素所呈现出来的空间分异规律，并结合我国未来国民经济发展战略将全国划分为多种具有不同主体功能的地域单元。依据《全国主体功能区规划》，全国共划分为优化开发区、重点开发区、限制开发区和禁止开发区四类，各区域的发展政策和绩效评价均依据其主体功能加以调整完善，以优化空间开发格局，提高空间开发效率①。

1）优化开发区

此类区域一般开发利用的适宜性较高，但是随着发展进程的不断推进也已累积形成较高的开发密度，未来发展中资源环境剩余容量已十分有限。从国家层次上看，优化开发区主要覆盖了我国长三角、珠三角和环渤海等地区。此类区域承载了我国较高比例的人口和经济活动，是各类区域中发展水平最高、开发适宜度最好、人口密度最大的区域。但是经过长期的粗放式发展，资源环境问题日益突出，受资源环境承载力的约束，区域人地关系日趋紧张。而在未来的发展中，此类区域在经济社会发展和要素集聚等方面仍处于重要地位，其对于人口和经济活动的承载状态距离理想状态还有一定差距，未来仍有较大的提升空间②。因此，优化开发区的未来发展应改变现有增长路径，降低经济增长中的土地资源消耗和各种污染物排放，减弱因持续快速发展给资源环境系统带来的压力，从而促进经济增长方式由粗放型向集约型的转变，促进产业结构优化升级，通过技术和制度创新等方式来释放资源环境容量，缓解资源环境压力，改善人地关系。

2）重点开发区

重点开发区域是指国土空间开发利用的适宜性高，未来发展中资源环境系统容量也较大的区域。从国家层次上看，哈长地区、长江中游地区、太原城市群等都是我国未来经济发展的重点开发区域。此类区域具备一定的经济发展基础，未来发展潜力较大，在地理区位、交通运输便捷度、土地和水资源的供给保障能力以及匹配程度等方面都比限制开发区和禁止开发区表现出极大的优势，是我国社会经济和人口要素集聚适宜性程度较高的区域，因此也是未来全国经济增长和区域协调发展的重要支撑点。与优化开发区相比，其社会经济条件不高，基础设施不够完善，产业集群程度不高。在未来的发展中，此类区域要充分发挥自身的优势，能够同时承接其他区域的产业转移和人口转移，承载较高密度的人口和经济活动，因此需加快提升经济实力，加强基础设施建设，促进产业集群发展，加快新型城镇化和

① 国务院发展研究中心课题组．主体功能区形成机制和分类管理政策研究[M]．北京：中国发展出版社，2008：13-19.

② 满强．基于主体功能区划的区域协调发展研究——以辽宁省为例[D]．长春：东北师范大学，2011.

工业化发展。

3）限制开发区

限制开发区域是指国土空间开发适宜性程度不高，大规模集聚经济和人口条件不够好，未来社会经济发展的资源环境可用容量有限，不适宜开展高强度、大规模工业化和城镇化活动，且生态系统安全可能具有重大战略意义的区域。限制开发区所覆盖的区域类型多样，主要包括各种生态功能区、生态破坏治理区以及其他具有某些特殊功能而不宜开发的区域。此类区域大多地理区位较差，处于较为偏远且交通联系不方便的地区，基础设施薄弱，经济发展水平低下，人口和劳动力密度较低。区域资源环境承载能力差，生态系统十分脆弱，一旦遭到破坏，恢复难度大、成本高。对于周边更大范围的空间来说，限制发展区的生态功能较为重要，其生态屏障的功能不仅对区域自身有较好的保障，同时对周边区域的生态环境系统维护也有较强的外部效应。该区域在过去的发展过程中累积的对自然资源和生态环境系统的高强度掠夺，使得现阶段的开发强度已逼近甚至超出区域的资源环境容量，导致该区域生态系统的稳定性受到严重干扰，生态环境恶化、森林草地大面积退化、生物多样性持续减少、水土流失和荒漠化严重等问题频发。从全国整体利益出发，考虑到该区域生态功能的外部性效应显著，此类区域未来的发展应始终坚持保护优先和适度开发相结合的原则，适当开展一些资源环境容量范围内的社会经济活动，同时通过综合整治加强生态系统修复和环境污染防治，并制定政策引导区域内超载人口有序转移，以缓解区域人地矛盾。

4）禁止开发区

禁止开发区域是指有代表性的自然生态系统、珍稀濒危野生动植物物种的天然集中分布地、有特殊价值的自然遗迹所在地和文化遗址等，在国土空间开发中禁止进行工业化、城镇化开发的重点生态功能区。此类区域主要包括世界文化自然遗产、国家级风景名胜区、森林公园、地质公园、自然保护区等由国家依法设立的各级各类保护区域。与其他各类区域相比较，禁止开发区内的生态系统极为敏感，对其进行合理保护具有极为重要的自然生态和人文价值，其显著的生态功能不仅是对区域自身而言，对整个国家乃至全球范围都可能产生较大影响。目前我国划定的各类保护区内仍有一定数量的人口，多处于经济落后地区，人们对于提高生活质量水平的诉求较高，从而社会经济发展的需求与生态系统保护的目标之间矛盾较为尖锐。从可持续发展的角度出发，对此类区域必须依据国家相关政策法规进行强制性保护，尽可能地减少人类活动对生态系统的干扰，禁止区域内任何不符合主体功能定位的开发活动。

主体功能区划打破了行政区划的界限，首次明确各区域的主体功能，基于区域资源禀赋和经济发展状况进行分工，从而使分工更加精细合理，有利于充分发挥各区域在资源环境基础或社会经济发展方面的独特优势，促进经济要素和自然资源区域配置效率的提高，实现人地关系的逐步改善，推动区域协调发展目标的实现。然而，由于主体功能区划是跨行政区的协调发展规划，按照这一规划要求进行区域管控，各类政策以及绩效考核等都将以功能区为单位进行，行政区划边界将被打破。地方政府是我国传统意义上的区域竞争的主体，在进行区域主体协调过程中，一旦跨越行政区域，利益协调将面临较大的困难。跨行政区的利益冲突问题正是主体功能区建设中必须克服却又难以克服的难题。此外，我国现行主体功能区的划分指标主要从资源环境容量、区域开发现状和未来潜力空间三个方面进行选取，表面看似没有纳入行政区划因素，而实际操作中主体功能区规划的编制工作仍是以省级行政区为单位开展的，本质上并未完全脱离行政区划的约束。

5.1.2 四大板块

随着改革开放的推进，我国对东部沿海地区实施的各项政策倾斜在给其快速发展创造良好机会的同时，也导致了不同地区之间的发展差距逐步拉大。随着区域差距的日益加大，我国国民经济发展的宏观战略开始由重点发展向协调发展转变，国家在“十五”规划纲要中提出“实施西部大开发战略，促进区域协调发展”。随后，在“十一五”规划纲要中又对区域协调发展战略做了更全面的描述，要根据资源环境容量、区域开发现状和未来潜力空间，逐步形成不同地区良性互动、差距逐步缩小的协调发展格局，并明确提出要坚持实施西部大开发、东北振兴、中部崛起和东部率先发展的总体战略，逐步推进四大板块协调发展空间格局的形成①。“十三五”规划纲要将区域协调发展作为非常重要的一部分内容，再次明确表示将继续实施“四大板块”区域发展总体战略。

1）西部大开发地区

1999 年 9 月中共十五届四中全会正式提出西部大开发战略，2000 年 10 月西部大开发战略正式开始实施。该战略的实施覆盖了我国西部地区的西藏、新疆、内蒙古、贵州、云南等共 12 个省（区、市），给这些地区带来了良好的发展机遇，使其经济、社会取得了长足发展。经济增速显著提高，基础设施建设稳步推进，人民生活水平明显改善，生态环境保护也取得了实质性进展。但是与其他地区相比较，西部地区的社会经济发展仍然很落后且差距还在不断拉大，基础设施建设滞后，水土资源严重不匹配，生态环境建设任务繁重，生态保护补偿机制还不健全。今后的发展中，要把加快基础设施建设作为西部大开发的一个重点，坚持把水土资源的合理开

① 吉新峰. 中国区域协调发展战略效应评价：基于区域差距的分析[M]. 北京：经济管理出版社，2012：18-24.

发和有效利用放到突出位置，落实和深化西部大开发战略，努力实现可持续发展。

2) 东北振兴地区

中共十六大首次明确提出要加快对东北地区等老工业基地的调整和改造，2003年10月东北振兴战略正式启动。该战略实施的范围包括辽宁省、吉林省、黑龙江省和内蒙古自治区的部分地区。老工业基地尤其是东北地区拥有丰富的自然资源、巨大的存量资产、良好的产业基地、明显的科教优势、众多的技术人才和较为完备的基础条件，是极富后发优势的地区。东北地区等老工业基地要积极探索新型工业化和城镇化道路，全面推进产业结构优化升级；推进规模化、产业化的现代农业发展；建立资源开发补偿机制和衰退产业援助机制，促进资源枯竭型城市经济转型发展；搞好生态修复和环境治理，实现发展与保护并重的目标。

3) 中部崛起地区

中部地区崛起战略是在十届人大二次会议上首次明确提出的。该战略覆盖的范围包括湖南、湖北、安徽、河南、山西和江西6个省。在国家的沿海开放、西部大开发、东北振兴等一系列战略措施实施后，中部地区曾在全国经济板块中处于被边缘化和被忽略的地位，导致其经济发展速度相对比较缓慢，工业化和城镇化水平不高、发展方式粗放、"三农"问题突出、统筹城乡发展任务繁重等问题制约着中部地区的长远发展。随着中部崛起战略的实施，中部地区实现了较快的经济增长，但仍然落后于全国平均水平，发展潜力尚未充分挖掘。未来的发展要依托现有基础，加快产业结构优化调整，推进工业化和城镇化进程；加大农业基础设施建设投入，加强现代农业特别是粮食主产区建设；开展资源节约和综合利用，加大环境污染防治力度，加强生态建设与保护；加强综合交通运输枢纽建设，统筹各种交通方式的协调发展，提高资源配置效率。

4) 东部率先发展地区

东部地区率先发展战略的首次明确提出是在2006年的国家"十一五"规划纲要中，纲要还对鼓励东部地区率先发展做出了明确的战略部署。东部地区包括北京、天津、河北、山东、江苏、浙江、上海、福建、广东、海南10个省(市)。作为中国的率先发展地区，东部地区的经济发展水平和经济增长质量远高于全国的平均水平。自从该战略明确提出后，上述地区的经济增长方式将加快转变速度，较高的经济发展水平为其由要素和资本驱动向技术和创新驱动转变提供了较为雄厚的资金保障，但依赖产业升级和技术创新促进其经济增长的内在机理还需进一步强化。加强技术创新，提高自主创新能力，在率先发展和改革中带动帮助中西部地区发展；加快产业结构优化升级步伐，提高经济增长质量和效益，积极承接国际产业转移，提高外向型经济水平，带动区域经济发展；适度控制城市规模扩展，深度挖掘土地等存量资源的利用潜力，确立经济增长与生态保护并重的发展目标，以保障区域健康发展、资源持续利用。

“四大板块”的区域发展总体战略的实施对我国区域社会经济健康发展的促进作用明显，也使得区域发展趋于逐步收敛，在全国经济整体增长势头旺盛的同时，不同地区间的发展水平差距在不断缩小。但我国整体的发展格局并未发生改变，东部地区经济水平在全国仍占绝对优势；而且部分区域，尤其是西部地区的不同省份间差距有明显的逐步拉大之势；东北地区的不同省份之间经济发展阶段的差异也较明显。如何有效地在各板块自身实现健康平稳发展的前提下促进区域间的协调发展将是一项长期而艰巨的任务。

5.1.3 土地利用综合分区

土地利用综合分区是地域区划与类型区划的综合，确定一定区域内土地资源的利用现状、土地适宜性、土地利用潜力及可能的利用方向，从而为全国或区域土地资源的综合性、长远性、战略性开发利用提供依据，以期更加充分合理地、可持续地组织土地资源开发利用。2008 年发布的《全国土地利用总体规划纲要（2006—2020）》将全国划分为九个土地利用区，分别是西北区、西南区、青藏区、东北区、晋豫区、湘鄂皖赣区、京津冀鲁区、苏浙沪区和闽粤琼区。其中，西北区、西南区、青藏区统称为西部地区，东北区、晋豫区、湘鄂皖赣区统称为中部地区，京津冀鲁区、苏浙沪区和闽粤琼区统称为东部地区①。规划纲要还依据各区域的自然资源条件、土地利用现状、社会经济发展阶段和战略定位等，明确了各分区的土地利用管理策略和调控方向。

土地利用综合分区是特征区划与用途区划的综合，既考虑了土地资源自然属性的特征，又考虑了人类活动对土地资源利用的需求，对统筹区域土地利用具有重要的指导意义。但是在我国土地管理实践中对各区提出的土地利用管理策略和调控方向更多的是针对农用地的开发利用，未来如何针对不同分区的特征和定位在各区土地利用主导方向的指导下合理选择建设用地利用和管理路径以促进区域协调发展，仍是未来我国土地管理中的一项重大而艰巨的任务。

5.1.4 行政区划

行政区划简称“政区”，是国家为了实行政治和行政等分级管理进行的区域划分，并设置相应的行政机关单位，依法对某一特定区域实施行政管理，该特定区域即为该行政机关的辖区范围。我国行政区划划分的依据涉及地理区位和气候条件

---

① 毕宝德. 土地经济学[M]. 7 版. 北京：中国人民大学出版社，2016：42-44.

等自然因素，民族分布、风俗习惯和历史传承等社会因素，经济活动联系及地区差异等经济因素。依据我国的根本大法《中华人民共和国宪法》第30条规定，我国政区划分的级别和相应的区划名称主要包括省（自治区、直辖市）、市（自治州）、县（自治县）、镇（乡、民族乡）等。依据宪法规定，这些区域都设有全面负责该区域行政事务治理的政府机关，即为该区域的管辖主体。

土地资源管理的方式包括法律手段、行政手段、经济手段、技术手段和宣传教育等多种形式，其中行政管理是最根本、最有强制性的一种手段，即国家或政府对土地事务的组织与管理行使权力，具体内容包括土地用途管制、耕地占补平衡、土地利用规划指标管控等。而各级土地行政管理部门的职权范围均为本级行政区域，因此，行政区划是土地资源分区管理的重要基础。

5.1.5 其他分区

为了促进形成更加合理的空间发展格局，除上述分区体系外，我国还有其他一些特殊的区域，在社会经济发展中可以享有更多的政策倾斜，其中以老少边穷地区最为典型，我国社会经济发展"七五"计划首次提出要将扶持老少边穷地区的发展纳入国家发展计划，充分体现了对该类地区发展的政策支持。

老少边穷地区是指革命老区、少数民族自治地区、边区和贫穷（或欠发达）地区，这类地区多位于经济发展落后的中西部山区和丘陵地区，如西藏、新疆、青海、甘肃、宁夏、贵州、云南等大部分西部地区，以及中东部的沂蒙山区、太行山区、大别山区等。我国对于老少边穷地区的界定是以县级行政单元作为基本单位进行的，该类地区几乎覆盖了全国总县数的一半。

(1) 革命老区：主要是指土地革命战争、抗日战争和解放战争期间，在共产党的领导下所创建的革命根据地所在的县区，该类区域目前覆盖全国半数以上的省（区、市），其中分布较为集中的地区主要包括湖南、湖北、陕西、江西和四川等省份。

(2) 少数民族自治地区：根据聚居的少数民族的结构特征可分为三种类型，即：以一个少数民族聚居区为基础建立的自治地区；在由一个大的少数民族聚居区为基础建立的自治区内还包括其他人口较少的民族的自治地区；由两个或两个以上的少数民族聚居区为基础建立的自治地区。按行政级别，又可分为自治区、自治州、自治县三级，其中自治县（旗）数共计120个，分布范围除5个自治区外，较集中分布的还包括四川、云南、贵州、湖南和甘肃5个省（区）。

(3) 边区：指沿陆地国境线的县级行政单元，共计134个（新疆建设兵团56个边境团场不在统计范围内），主要集中在吉林、黑龙江、云南等省和内蒙古、西藏、新疆、广西等自治区。

(4) 欠发达地区：依据国家统计局相关研究成果，从发展水平、发展活力和发展潜力三个方面计算每个县(未包括西藏自治区)的综合发展指数，并以位列后20%的县级单元作为社会经济发展欠发达地区，即老少边穷地区中的“穷”区，据此确定出全国欠发达县共计400个。

除上述革命老区、少数民族自治地区、边区和欠发达地区覆盖范围以外的其他地区，将其统称为非老少边穷地区。老少边穷地区在地理位置上有大致重合和叠加的特点，与非老少边穷地区相比，经济总量较小、发展速度缓慢、资源利用效率低下等是老少边穷地区的基本特点，其主要原因包括：①主要分布在高原、山区、丘陵、沙漠、喀斯特地貌等地区，自然条件比较恶劣，加之人类活动对自然环境的干扰强度不断增大，使其土地退化、沙化、盐碱化等现象普遍存在，严重削弱了建设用地对区域社会经济发展的支撑作用；②社会经济发展的低水平状态和第一产业的主导地位给其土地资源的集约高效利用带来一定的局限，进而导致建设用地利用对区域经济增长的拉动力不足；③少数民族问题不容忽视，我国少数民族聚居地主要集中在西北和西南地区的深山地区，加上语言障碍，缺少与其他地区的联系，给这些地区的发展带来了极大的障碍，且在少数民族地区土地资源开发的过程中，不可避免地会涉及民族关系和政治稳定等问题，土地资源开发和保护以及利益分配问题若处理不当，不仅会影响到地区工业化、城镇化发展进程，甚至会影响到国家安全和社会稳定。

近年来，随着西部大开发战略的推进，老少边穷地区的发展已取得了显著的成效，经济实力明显增强，基础设施建设有所改善，为地区进一步发展奠定了较好的基础。

5.1.6 现有分区体系评价

(1) 主体功能区划：主体功能区划分区的主要依据是不同区域的资源环境容量、开发现状及未来潜力空间，对于区域建设用地的利用强度及其发展潜力考虑不足，因而，分区结果更多地服务于加强生态文明建设和优化国土空间开发格局的目标，而对于促进区域建设用地集约管控目标及其实现途径的探索涉及较少。此外，主体功能区划仅有全国和省级两种尺度，不同尺度的空间尺度转换存在一定的复杂性和困难性，使得主体功能区划便于从宏观上指导区域空间的有序开发，而对建设用地区域管控政策的研究仍有待深入。

(2) 四大板块：随着四大板块格局的形成，我国的区域协调发展战略和政策已初显成效。促进区域协调发展需要全面考虑区域的资源环境容量、区域开发现状和未来潜力空间。而四大板块格局的形成主要是缘于西部大开发、东北振兴、中部崛起和东部率先发展等社会经济发展战略的实施，更多地体现了不同经济发展水平地区之间的良性互动和协调发展，但未能充分考虑不同地区土地等自然资源禀赋的差异。因此，四大板块发展格局虽然对区域建设用地管控可以提供较好的参考，但还需综合考虑区域资源禀赋的差异才能更好地指导建设用地的区域差别化管控。

(3) 土地利用综合分区：土地利用综合分区是以土地资源的自然属性、利用现状及其适宜性为基础，兼顾发展与保护的双重目标，为确定土地利用主导方向所做的分区。从分区结果及分类指导原则看，土地利用综合分区对社会经济发展阶段的区域差异考虑不足，因此其仍难以满足区域差别化的建设用地管控需求。

(4) 行政区划：行政管理是我国土地资源管理最根本、最有强制性的一种手段。目前我国土地资源管理体制实行省级以下垂直管理，其中省级国土管理部门的职责主要侧重于宏观管理，具体的土地行政管理职权主要由市、县两级土地行政管理机构和乡(镇)国土资源所履行。各级土地行政管理部门职权履行的范围均为本级行政区域。因此，行政区划是土地资源管理分区的基础，区域协调发展的建设用地差别化管控也应该以行政区域作为最基本的分区单元。

(5) 其他分区：为了更好地促进区域协调发展，在建设用地区域差别化管控中需要充分考虑老少边穷等地区特殊的区域特征。但是该分区为非全覆盖区域，除此以外的非老少边穷地区内部在社会经济发展和自然资源条件等方面仍存在较为明显的非均质性，因此难以实施统一的建设用地管控政策，应在区域协调发展的建设用地管控分区中考虑其特殊性，并制定相应的管控政策。

如上所述，我国现有的各类区域管控分区体系在促进区域社会经济协调、健康发展方面均起到了较好的积极作用，在资源合理开发利用方面也产生了一定的成效。但是，由于各类分区体系在分区目标、分区指标和分区方法等方面存在较大的差异，并且均未以实现建设用地总量控制的区域差别化管理为目标，其分区结果对区域建设用地管控的适用性都存在不同程度的局限。因此，需要针对建设用地区域管控目标，在充分参考我国现有分区体系的基础上，依据区域经济发展阶段和资源禀赋条件的异同，建立促进区域协调发展的建设用地管控分区体系。

5.2 区域协调发展的建设用地管控分区体系构建

5.2.1 经济发展和资源禀赋的区域分异

随着城镇化、工业化进程的快速推进，我国建设用地规模呈现快速扩张的趋势，在“保发展、保红线”的目标下，土地资源的相对稀缺性更加凸显，土地集约利用成为必然选择。土地调控政策的功能在于解决市场失灵，提高土地资源配置效率，实现区域经济健康、平稳、持续增长的目标，而不同地区发展阶段和资源禀赋的差异是制定区域差别化调控政策的缘由①。因此，根据经济发展和资源禀赋的区域差异，开展差别化的建设用地管控研究成为区域可持续发展亟待解决的命题②。

参照钱纳里经济发展阶段划分方法，以1970年美元为基准通过购买力平价转换因子推算2010年美元的阶段划分标准，并根据美元对人民币的汇率中间价将其转化为人民币(H. 钱纳里等，1995)。最后，以2010年人均GDP为标准，判断我国31个省(区、市)所处的发展阶段。2010年我国全面进入工业化发展阶段，其中处于工业化初期阶段的地区包括贵州、云南、甘肃、西藏、广西、安徽、四川和江西8个省(区)；处于工业化中期阶段的地区包括海南、青海、河南、湖南、新疆、陕西、山西、宁夏、黑龙江、湖北、河北、吉林、重庆、福建、山东、辽宁16个省(区、市)；已进入工业化后期阶段的地区包括广东、内蒙古、浙江、江苏、天津、北京、上海7个省(区、市)，其中上海市已接近发达经济阶段。

1) 区域经济发展与建设用地规模变化经济计量分析

① 理论假说

不同经济发展阶段，人们从事生产、生活活动的内容和方式都不一样，区域产业结构和经济增长方式有所不同，从而土地利用特征及变化趋势在各发展阶段也有较大差异。在社会经济欠发达的低级阶段地区，人们更多地从事农业种植活动，生活方式也较为简单，农业生产在区域经济中占有极为重要的地位，由此决定了其土地利用结构中农用地占有较大比重，而为人类生活和非农业生产活动提供场所的建设用地规模则相对较小。此阶段不仅发展水平较低，发展速度也较缓慢，因此由经济增长引起的建设用地规模扩张趋势也较弱。随着发展水平的提高，区域经济发展逐步向工业化发展阶段转变，人们开始从事更多的非农业生产活动，生活水平不断提高，生活方式逐步多样化，随之而来的是越来越多的农用地非农化，建设用地规模呈现快速扩张趋势。随着区域发展阶段的进一步提高，区域产业结构不断优化升级，经济增长方式逐步由外延扩张式向内涵提升式转变，从而经济增长所消耗的建设用地资源开始减少，建设用地的持续扩张趋势开始减缓，最终区域建设用地资源进入减量增长阶段。据此可以提出如下假说：随着区域经济发展阶段的不断提升，建设用地增量先呈快速上升趋势，当区域发展达到一定阶段后，建设用地增量开始下降，用地扩张趋势逐步减缓，最终区域建设用地规模开始缩减。

① 杨刚强，张建清，江洪. 差别化土地政策促进区域协调发展的机制与对策研究[J]. 中国软科学，2012(10)：185-192.

② 孔伟，郭杰，欧名豪. 不同经济发展水平下的建设用地集约利用及区域差别化管控[J]. 中国人口·资源与环境，2014，24(4)：100-106.

② 模型设定

为了更好地验证上述假说，本研究拟选取全国各省(区、市)的面板数据，并根据库兹涅茨曲线理论和相关典型研究①，建立包括一次项和二次项的库兹涅茨曲线模型，然后根据拟合结果确定自变量与因变量之间的函数关系。

$$S = \alpha_0 + \alpha_1 x + \alpha_2 x^2 + \gamma \tag{5-1}$$

式中，S 代表建设用地增速，以年内建设用地增加量除以年初建设用地面积表征；x 代表经济发展水平，以人均 GDP 表征；α_0 代表常数项；α_1、α_2 代表自变量的估计系数；γ 为随机误差项。α_1、α_2 的不同取值可以反映建设用地增速与经济发展水平之间可能存在的不同曲线关系(见表 5-1)：线性、U 形或倒 U 形曲线关系②。

表 5-1 建设用地增量与经济发展水平之间的曲线关系

类型	α_1	α_2	曲线关系
1	>0	$=0$	正相关线性
	<0	$=0$	负相关线性
2	$\leqslant 0$	>0	U 形
	$\geqslant 0$	<0	倒 U 形

考虑到面板数据的完整性和可获得性，本章此处选取 2000—2010 年全国 31 个省(区、市)的面板数据进行分析，样本总数为 341。根据原始数据的特征，为增强所选用数据的平稳性和更好地消除异方差的影响，此处通过取对数的方法对原始数据进行处理，根据计量经济学的相关原理，该操作不会影响对模型估计结果的分析。数据处理使用了 Stata12.0 等软件，相关变量名称及符号见表 5-2。

表 5-2 变量名称、单位及说明

变量名称	单位	文中符号	变量说明
建设用地增速	%	S	反映区域建设用地扩张情况
人均 GDP	元/人	x	反映区域经济发展水平

③ 计量分析

通过面板数据分析，可以更好地反映不同个体和不同时点的信息，提供更高的

① 李永乐，吴群. 经济增长与耕地非农化的 Kuznets 曲线验证——来自中国省际面板数据的证据[J]. 资源科学，2008，30(5)：667-672.

② 张润森，濮励杰，文继群，等. 建设用地扩张与碳排放效应的库兹涅茨曲线假说及验证[J]. 自然资源学报，2012，27(5)：723-733.

自由度和估计效率①。但同时,其模型检验与估计也变得更加复杂。为提高对面板数据模型进行估计的有效性,分别利用 Stata12.0 软件中的 LR 检验、Xtcsd 检验和 Wald 检验对原始数据的组内自相关、组间截面相关和组间异方差进行检验,原始假设分别为"不存在一阶组内自相关""无截面相关""组间同方差"②。检验结果表明,以上三种检验的 p 值均小于 0.01,故强烈拒绝原假设,即认为同时存在组内自相关、组间截面相关和组间异方差。因此,在进行回归时必须同时考虑,才能有效估计模型参数③。

对面板数据模型进行估计前,必须先对模型设定形式进行假设检验,主要检验模型参数在所有截面、时点上是否具有相同的参数。根据模型中参数的不同要求,可以把面板数据模型分为变系数模型和变截距模型。考虑到面板数据样本数量多,采用变系数模型需要估计较多的参数,从而会损失自由度,本研究面板数据模型估计采用变截距模型,变截距模型又可分为固定效应模型和随机效应模型,根据 Hausman 检验结果此处选择固定效应模型更有效。

根据上述分析,运用 Stata12.0 软件采用固定效应模型对方程进行估计④,根据估计系数及其显著性来判断建设用地增速与经济发展水平之间的曲线关系。模型估计结果见表 5-3,曲线拟合结果见图 5-1。

表 5-3 模型估计结果

参数	α_0	α_1	α_2
系数	−24.937 2	4.814 1	−0.229 7
t 检验结果	0.007*	0.007*	0.008*

注:* 表示在 1%的水平上显著。

④ 结果分析

由模型系数特征和曲线拟合结果可以看出,区域建设用地规模随社会经济发展呈现不断扩张的趋势,但不同发展水平下规模扩张的速度有所不同。随着人均 GDP 的不断增加,区域建设用地规模扩张的速度先呈不断加快趋势,当人均 GDP 超过 35 506 元/人后转为逐步减缓的趋势,最终建设用地规模将出现减量变化趋势。由此可以看出,前文提出的研究假说成立。

① 陈海燕.面板数据模型的检验方法研究[M].北京:经济科学出版社,2012.

② 陈强.高级计量经济学及 Stata 应用[M].北京:高等教育出版社,2010:172-175.

③ 孔伟,郭杰,欧名豪.不同经济发展水平下的建设用地集约利用及区域差别化管控[J].中国人口·资源与环境,2014,24(4):100-106.

④ Driscoll J C, Kraay A C. Consistent covariance matrix estimation with spatially dependent panel data[J]. Review of Economics and Statistics, 1998(80): 549-560.

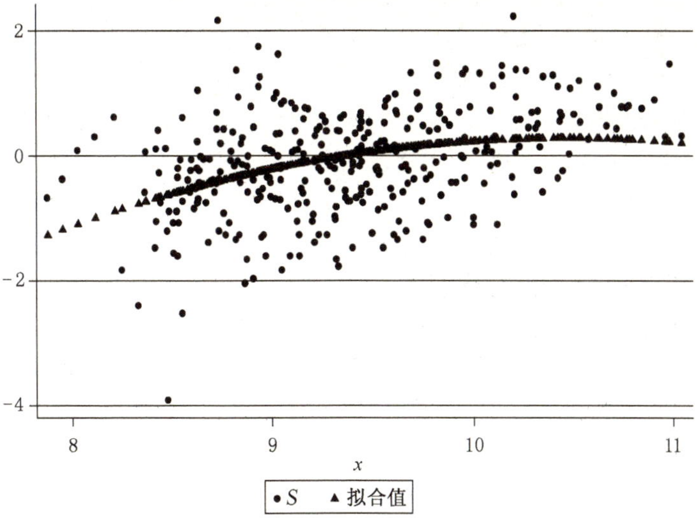

图 5-1 建设用地增速与经济发展水平拟合曲线

北京、上海、天津、江苏和浙江的人均 GDP 均已超过 35 506 元/人的曲线拐点，建设用地规模变化已进入减速增长的阶段，并逐步接近减量增长阶段；福建、辽宁、广东和山东则已十分接近曲线拐点，建设用地规模扩张趋势很快将进入减速增长阶段；其他地区则由于距离曲线拐点的距离均较远，未来社会经济发展引起的建设用地规模扩张的趋势仍将十分明显。总体来看，目前我国虽有部分地区已经接近甚至超过了曲线拐点，建设用地规模开始减速增长，但大多数地区仍位于曲线拐点的左侧，建设用地规模仍处于加速扩张的趋势，由此可预见，未来一段时期内我国建设用地总规模仍将持续扩张，但不同地区规模扩张趋势有所不同。

本研究结果表明，随着经济发展水平的不断提高，我国各地区建设用地规模虽呈持续扩张的趋势，但扩张的速度在经济发展到一定水平后开始下降，扩张趋势有所减缓，这与现有研究成果是相吻合的①。

2）区域经济发展与建设用地集约利用变化经济计量分析②

目前关于土地集约利用与经济增长关系的研究主要集中在以下两个方面：一

① 李永乐，吴群. 经济增长与耕地非农化的 Kuznets 曲线验证——来自中国省际面板数据的证据[J]. 资源科学，2008，30(5)：667-672.

② 关于经济发展与建设用地集约利用变化研究的相关内容，作者先后曾分别以江苏省和全国作为研究区域进行过系统研究，研究结果分别以学术论文形式公开发表于《中国人口·资源与环境》2014 年第 4 期和《中国土地科学》2016 年第 4 期，本书后续部分出现引自这两篇论文的文字和观点不再一一标注文献出处。

是通过协调度、协调发展度等指标进行经济增长与土地集约利用的协调评价，二是通过 Granger 检验法进行经济增长与土地集约利用之间的因果关系检验。而对于不同经济发展水平下土地集约利用的变化规律，以及在此基础上的区域差别化集约利用管控研究则较少。已有研究主要通过建立指标体系对土地集约利用水平进行综合评价，由于采用综合指标，在建设用地管理中难以基于研究结果开展差别化的管控。

土地集约利用的概念最早出现于农业领域，指在某一固定面积的土地上投入较高比例的其他生产因素的土地利用方式①。作为集约用地的最初内涵，投入层面的指标无疑是表征土地集约利用水平高低的核心和关键指标。因此，此处采用建设用地与社会经济面板数据，以建设用地地均固定资本表征土地集约利用水平，开展不同经济发展水平下集约用地的响应差异研究。

① 理论假说

经济发展是以经济增长为核心的经济、社会和政治结构的全面进步，总是与经济增长、产业结构等紧密联系在一起②。在经济发展的不同阶段，经济增长方式和发展水平不同，对土地产品和服务的需求不同，从而建设用地冲突的主要矛盾也不相同。区域经济发展过程中量的变化和质的飞跃使其呈现出不同的阶段性特征③。依据钱纳里发展阶段理论，将经济发展的驱动力划分为要素驱动、资本驱动和创新驱动等。初级阶段的经济发展主要依靠要素驱动，随着经济发展水平的提升逐步转向主要依靠资本驱动；进入中后期发展阶段后，经济增长方式开始转变，逐步放弃要素驱动和资本驱动的增长方式，由主要依靠资本驱动转向主要依靠技术驱动，技术创新逐渐成为经济社会发展的重要驱动力。据此可以提出如下假说：随着初级产品生产阶段向工业化阶段转变，土地集约利用水平呈现加速上升的趋势；由工业化初期阶段进入工业化中期阶段，土地集约利用水平持续加速上升；再由工业化中期阶段进入工业化后期阶段，土地集约利用水平加速上升的趋势逐步减缓，土地利用集约度的增加量呈现先上升后下降的趋势，最终土地集约利用水平将逐渐趋于稳定。

② 模型设定

为了进一步验证上述假说，本研究拟选取全国各省（区、市）的面板数据，根据

---

① 王万茂. 土地资源管理学[M]. 2 版. 北京：高等教育出版社，2010：341.

② 陈利根，龙开胜. 耕地资源数量与经济发展关系的计量分析[J]. 中国土地科学，2007，21(4)：4-10.

③ 赵翠薇，濮励杰，孟爱云，等. 基于经济发展阶段理论的土地利用变化研究——以广西江州区为例[J]. 自然资源学报，2006，21(2)：172-179.

已有的研究成果①,建立包括一次项和二次项的库兹涅茨曲线模型,然后根据拟合结果确定自变量与因变量之间的函数关系。

$$y = \beta_0 + \beta_1 x + \beta_2 x^2 + \varepsilon \tag{5-2}$$

式中,y 代表土地利用集约度增加量;x 代表经济发展水平;β_0 代表常数项;β_1、β_2 代表自变量的估计系数;ε 为随机误差项。β_1、β_2 的不同取值可以反映土地利用集约度的增加量与经济发展水平之间可能存在的各种曲线关系:线性、U形或倒U形曲线关系。

为了增强研究结果的可操作性,同时克服指标之间的相关性对模型分析结果的可能影响,在模型估计过程中用单一指标来代表自变量和因变量:反映经济发展水平的自变量 x 以人均 GDP 代表,反映土地利用集约度增加量的因变量 y 则以建设用地地均固定资本增加量代表。

考虑到面板数据的完整性和可获得性,此处应用 2000—2010 年全国 31 个省(区、市)的面板数据进行实证分析,样本总数为 341。数据处理使用了 Stata12.0 等软件,相关变量名称及符号见表 5-4。

表 5-4 变量名称、单位及说明

变量名称	单位	文中符号	变量说明
建设用地地均固定资本增加量	万元/hm^2	y	反映区域土地集约利用变化情况
人均 GDP	元/人	x	反映区域经济发展水平

固定资本存量的估算方法和过程如下:

资本存量是指在某一时点所积存的实物资本,反映人们在该时点实际掌握的物质生产手段,可以采用戈登史密斯(Goldsmith)在 1951 年开创的永续盘存法进行估算②。

$$K_{it} = K_{it-1}(1 - \delta_{it}) + I_{it} \tag{5-3}$$

式中,i 指第 i 个省(区、市);t 指第 t 年;K 为基年资本存量;I 指当年固定资产投资(通过固定资产投资价格指数折算为可比价);δ 为经济折旧率(取值 9.6%)。

2000 年各省(区、市)固定资本存量(当年价)借鉴张军(2004)等的估算结果③,

① 李永乐,吴群.经济增长与耕地非农化的 Kuznets 曲线验证——来自中国省际面板数据的证据[J].资源科学,2008,30(5):667-672.

② 靖学青.中国省际物质资本存量估计:1952—2010[J].广东社会科学,2013(2):46-55.

③ 张军,吴桂英,张吉鹏.中国省际物质资本存量估算:1952—2000[J].经济研究,2004(10):35-44.

其中重庆市的固定资本存量参考叶宗裕的研究结果①，确定其在四川省资本存量中所占的比重，最终分别计算出四川省和重庆市 2000 年的固定资本存量。在此基础上应用永续盘存法估算 2001—2010 年各省（区、市）的固定资本存量。

③ 计量分析

分别利用 Stata12.0 软件中的 LR 检验、Xtcsd 检验和 Wald 检验对原始数据的组内自相关、组间截面相关和组间异方差进行检验，原始假设分别为"不存在一阶组内自相关""无截面相关""组间同方差"②。检验结果表明，以上三种检验的 p 值均小于 0.01，故强烈拒绝原假设，即认为同时存在组内自相关、组间截面相关和组间异方差。根据 Hausman 检验结果，工业化初期、中期阶段地区方程估计选择固定效应模型更有效，而工业化后期阶段地区则选择随机效应模型更有效。

根据上述分析和检验结果，运用 Stata12.0 软件分别对工业化初期阶段地区和工业化中、后期阶段地区回归方程进行估计，并根据估计系数及其显著性来判断土地利用集约度的增加量与经济发展水平之间的曲线关系。估计结果见表 5-5，拟合曲线见图 5-2、图 5-3、图 5-4。

表 5-5　不同发展阶段地区模型估计结果

参数	β_0	β_1	β_2
工业化初期阶段地区	3.398 134 (−1.30)	−0.001 000 3 (1.58)	0.000 000 156 (5.12)*
工业化中期阶段地区	−17.651 3 (−4.91)*	0.002 853 (7.07)*	−0.000 000 007 (−0.93)
工业化后期阶段地区	−17.744 74 (−5.48)*	0.002 468 8 (12.22)*	−0.000 000 02 (−4.85)*

注：①括号内为 t 检验值；② * 表示在 1% 的水平上显著。

④ 结果分析

对 2000—2010 年工业化初期、中期、后期阶段地区分别进行估计，模型的拟合优度均在 75%以上，说明回归方程对各个阶段观测值的拟合程度均较好。由模型系数特征和曲线拟合结果可以看出，随着经济发展水平的不断提高，不同发展阶段地区建设用地集约利用呈现不同的变化趋势：工业化初期阶段地区，建设用地集约利用水平急剧提高，集约度增加量呈加速上升趋势；工业化中期阶段地区，建设用地集约利用水平加速提高，集约度增加量稳步上升；工业化后期阶段地区，建设用

① 叶宗裕. 中国省际资本存量估算[J]. 统计研究，2010，27(12)：65-71.

② 陈强. 高级计量经济学及 Stata 应用[M]. 北京：高等教育出版社，2010：172-175.

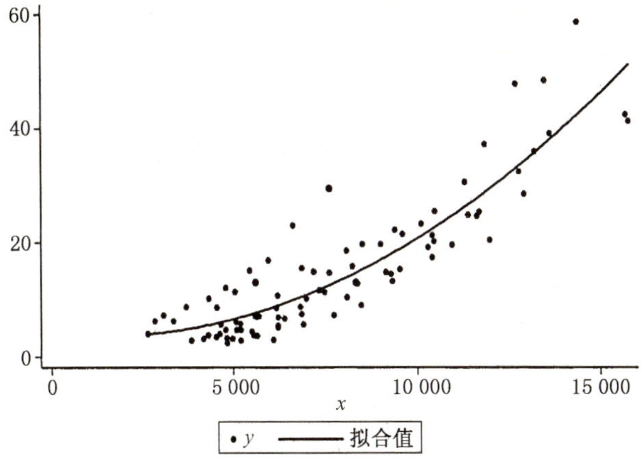

图 5-2 工业化初期阶段地区拟合图

地集约利用水平先加速提高后减速提高，集约度增加量随着经济发展水平的提高先呈上升趋势，当人均 GDP 超过 49 888 元/人后转为下降趋势，集约利用水平最终将逐渐趋于稳定。由此可见，前文提出的研究假说成立。

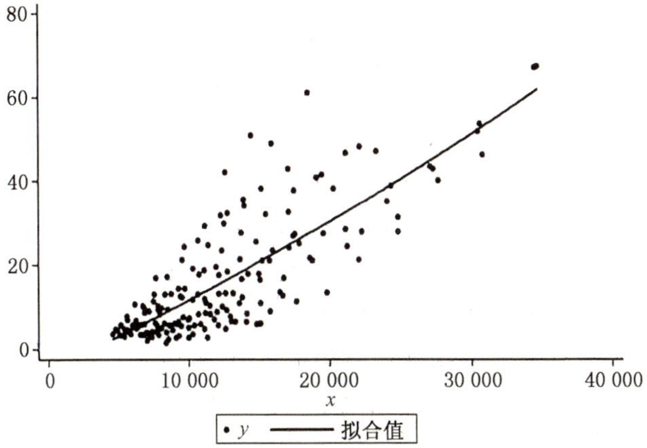

图 5-3 工业化中期阶段地区拟合图

上海市和天津市的人均 GDP 已超过 498 88 元/人的曲线拐点，建设用地集约利用水平已进入减速上升阶段；其他地区集约利用水平虽均处于加速上升阶段，但由于经济发展水平距离拐点远近不同，未来集约利用提升的空间大小不同。全国 31 个省（区、市）的经济发展阶段差别较大，集约利用的变化趋势也不相同，为我国建设用地区域差别化管控提供了依据。

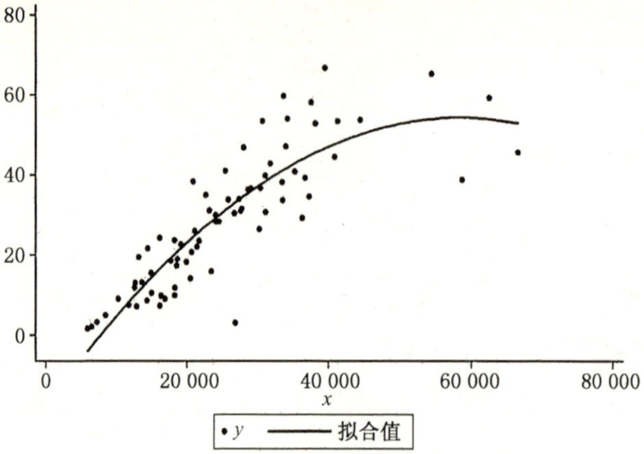

图 5-4　工业化后期阶段地区拟合图

根据相关研究成果[①②]，随着经济发展水平的不断提升，区域建设用地规模扩张对经济发展的贡献将逐渐减小，资本积累的拉动作用则逐渐增大，经济发展对建设用地扩张的强依赖转为弱依赖，增长方式由粗放型向集约型转变，土地利用集约度呈上升趋势，并最终趋于稳定。本研究结果表明，随着经济发展水平的不断提高，建设用地集约利用水平增加量虽呈先增加后减少的趋势，但集约利用水平整体呈现上升趋势，这与现有研究成果相吻合，也符合经济发展的一般规律。

3）基于资源禀赋的建设用地可拓展空间测算

资源禀赋是对一个国家或地区资源环境素质状态所做出的综合评价[③]，对社会经济发展和土地利用管理等行为都有着至关重要的影响。区域的社会经济发展必须建立在其资源环境基础上，因此，一个区域内可利用的资源禀赋对该区域的经济发展有着约束性和控制性的影响。

本研究以建设用地可拓展空间来表征区域土地资源禀赋状况。建设用地可拓展空间是为评价一个地区剩余或潜在的可利用建设用地对未来人口集聚、工业化和城镇化发展的承载能力而设置的一项空间开发约束指标，在对其进行计算和分析时不仅要关注可供利用的土地资源的数量和质量状况，还要全面考虑与之相关的自然条件和社会经济发展状况，注意土地资源供给和需求之间的数量结构和空间布局的匹配程度。科学合理地评价区域建设用地可拓展空间，对促进空间开发

① 汪晖，童菊儿.经济发展阶段与土地集约利用水平演变趋势——来自台湾的证据[M]//2005 年中国科协学术年会论文集(中).北京：中国科学技术出版社，2006：295-307.

② 姜海，曲福田. 不同发展阶段建设用地扩张对经济增长的贡献与响应[J]. 中国人口·资源与环境，2009，19(1)：70-75.

③ 王子平，冯百侠，徐静珍.资源论[M].石家庄：河北科学技术出版社，2001：34-35.

格局优化、资源集约利用和区域协调发展等均具有非常重要的意义。

建设用地可拓展空间的测算参照国家在《省级主体功能区划分技术规程》中规定的可利用土地资源的评价方法，具体计算公式如下：

$$人均可拓展空间=\frac{建设用地可拓展空间}{常住人口}$$

建设用地可拓展空间＝适宜建设用地面积－已有建设用地面积－基本农田面积

对全国土地资源禀赋以省级行政区域为基本单元进行评价，具体结果可通过人均建设用地可拓展空间或建设用地可拓展空间来反映。参考徐勇等人对2005年全国31个省（区、市）可利用土地资源的测算方法和结果[①]，结合各省（区、市）2005—2010年各土地利用类型的变化情况，计算2010年的建设用地可拓展空间；然后根据常住人口规模计算出2010年全国31个省（区、市）的人均建设用地可拓展空间，具体见表5-6。

表5-6 我国各省（区、市）2010年建设用地可拓展空间

省（区、市）	面积（km^2）	占土地面积比重（%）	人均面积（亩）
北京	283.57	1.73	0.02
天津	750.24	6.50	0.09
河北	11 735.66	6.26	0.24
山西	7 786.31	4.97	0.33
内蒙古	13 843.76	1.21	0.84
辽宁	9 450.52	6.49	0.32
吉林	22 161.02	11.61	1.21
黑龙江	53 967.56	11.92	2.11
上海	388.66	6.20	0.03
江苏	7 625.19	7.56	0.15
浙江	3 163.87	3.10	0.09
安徽	9 559.50	6.82	0.24
福建	3 014.31	2.48	0.12
江西	6 449.50	3.86	0.22
山东	13 768.01	8.93	0.22
河南	13 144.26	7.94	0.21

① 徐勇，汤青，樊杰，等. 主体功能区划可利用土地资源指标项及其算法[J]. 地理研究，2010，29(7)：1223-1232.

续表

省(区、市)	面积(km^2)	占土地面积比重(%)	人均面积(亩)
湖北	9 074.64	4.88	0.31
湖南	8 500.59	4.01	0.19
广东	5 365.01	3.02	0.08
广西	6 631.16	2.81	0.22
海南	1 267.82	2.52	0.22
重庆	4 746.49	5.76	0.25
四川	15 407.66	3.18	0.31
贵州	6 598.32	3.75	0.30
云南	9 038.48	2.36	0.31
西藏	548.94	0.05	0.27
陕西	8 409.19	4.09	0.34
甘肃	8 974.34	2.11	0.53
青海	813.44	0.12	0.22
宁夏	1 956.81	3.76	0.46
新疆	7 674.21	0.47	0.53

结果显示,我国建设用地可拓展空间省际间明显不平衡,整体呈现出东部多于西部、北方多于南方、平原多于山地的特点。相较于建设用地可拓展空间,人均建设用地可拓展空间则更能反映未来社会经济发展中土地资源供需的冲突状况。根据上述公式进行测算,2010 年全国人均建设用地可拓展空间为 0.3 亩/人,各省级区际差异悬殊,其中最高的黑龙江省人均值超过 2 亩/人,最低的北京市人均值仅为 0.02 亩/人。总体上看,人均建设用地可拓展空间较丰厚的省份相对集中于我国的东北和西北地区,相对薄弱的省份则集中分布在东部人口较密集的地区。

资源禀赋的空间分布格局是由地理环境特征、区域开发历史、人口聚集过程以及经济发展状况等长期共同作用的结果①。同时,资源禀赋对社会经济发展也有着较大的影响。我国 31 个省(区、市)土地资源禀赋的区际差异显著,对未来工业化、城镇化发展的保障能力也不相同。这就要求未来工业化、新型城镇化进程中必须因地制宜,针对不同区域社会经济发展和资源禀赋的差异,实施差别化的建设用地调控政策,以增强区域发展活力、促进区域协调发展。

① 徐勇,汤青,樊杰,等. 主体功能区划可利用土地资源指标项及其算法[J]. 地理研究,2010,29(7):1223-1232.

5.2.2 耦合经济发展与资源禀赋的建设用地管控分区体系

我国地域辽阔，区域间资源禀赋差异悬殊，所处经济发展阶段也各不相同，为了促进区域协调发展，必须发挥土地政策在区际利益协调中的作用。针对不同地区自然资源禀赋、经济发展阶段的相似性与差异性，结合我国当前已经形成的区域划分体系，构建区域协调发展的建设用地管控分区体系，制定与之配套的区域土地利用战略和策略，必须实行差别化的土地供应门槛约束和用地绩效考核政策，引导区域土地开发利用，加强区域发展的协调互动，以促进国土空间高效利用、人与自然和谐相处的区域协调发展格局的形成。

1）分区原则

① 体现未来社会经济发展战略的相似性与差异性

近年来，我国提出了推进西部大开发、振兴东北地区等老工业基地、促进中部地区崛起、鼓励东部地区率先发展、支持老少边穷地区发展等一系列重大发展战略，全国正在形成新的经济社会发展空间格局。通过建设用地管控分区划分内部具有相似发展阶段特征和经济发展战略目标的区域，基于这些区域在经济社会发展方面的时空差异，在社会经济发展战略的指导下遵循供给约束、需求引导和统筹兼顾的建设用地管控思路，协调解决区域发展和资源环境保护之间的矛盾。

② 突出土地供需态势的相似性与差异性

土地资源的各个构成要素因所处的经纬度和海拔高度等条件的不同都存在着地域上的分异。受这种自然地域分异规律的影响，土地资源禀赋也形成了明显的地域差异，这在一定程度上也决定了土地利用的宏观格局，奠定了土地利用地域分异的自然基础。土地利用过程中的问题还与区域社会经济发展特征密切相关。区域经济发展过程中量的变化和质的飞跃使其呈现出不同的阶段性，不同发展阶段对土地产品和服务的需求不同，从而建设用地冲突的主要矛盾也不相同。把土地利用自然属性的地域分异和社会经济发展需求的变化特点作为重要依据，在建设用地管控分区中反映由此产生的城乡发展、工农业建设、生态环境保护等重大问题的宏观差异性。

③ 保持行政区域的完整性

考虑管理要素的构成，建设用地管控分区要便于建设用地的行政管理。我国土地资源的开发利用与社会经济发展等都是在行政区域范围内决策实施的，行政区划格局下产生的集国家和地方利益于一体的责任政府体系是执行建设用地利用管理的行为主体。为此，建设用地管控分区的界线应服从行政区域的边界，分区基本单元的地域范围应与行政区域范围保持一致。

2）分区方法

建设用地管控是我国土地资源管理工作的一项核心任务，需要根据各地自然和社会经济条件以及国民经济发展的要求，协调土地总供给和总需求，合理确定土地利用结构和布局。我国现有的区域管控分区体系大多采用综合因素进行划分，所建立的指标体系涵盖自然、社会经济和生态等方面，对土地利用相关因素考虑较为全面，但是也存在对建设用地管控的本质问题针对性不够强等问题。鉴于此，本研究拟以经济发展阶段和建设用地资源禀赋作为建设用地管控分区的指标因素：基于建设用地规模扩张和集约利用响应的经济发展阶段的差异特征，可以从广度扩展和深度挖潜两个角度反映区域社会经济发展的用地需求；以人均建设用地可拓展空间表征的资源禀赋差异则能够反映区域土地资源对社会经济发展用地需求的供给保障能力。这两项指标的分区结果既可以体现区域土地利用供需关系的差异性和相似性，又可以增强分区结果在建设用地管理实践中应用的可操作性。

遵循上述分区原则，参考我国现有区域管控分区体系及方法，从全国、省、市等多个层面构建我国建设用地管控分区体系（图 5-5）。考虑到我国土地利用规划体系中“全国—省—市—县—乡”的等级层次，全国层面的分区将省级行政单元看作均值区域，作为基本分区单元，省级层面的分区则将地（市）级行政单元看作均值区域，作为基本分区单元，以此类推。下面以全国层面的建设用地管控分区为例，对

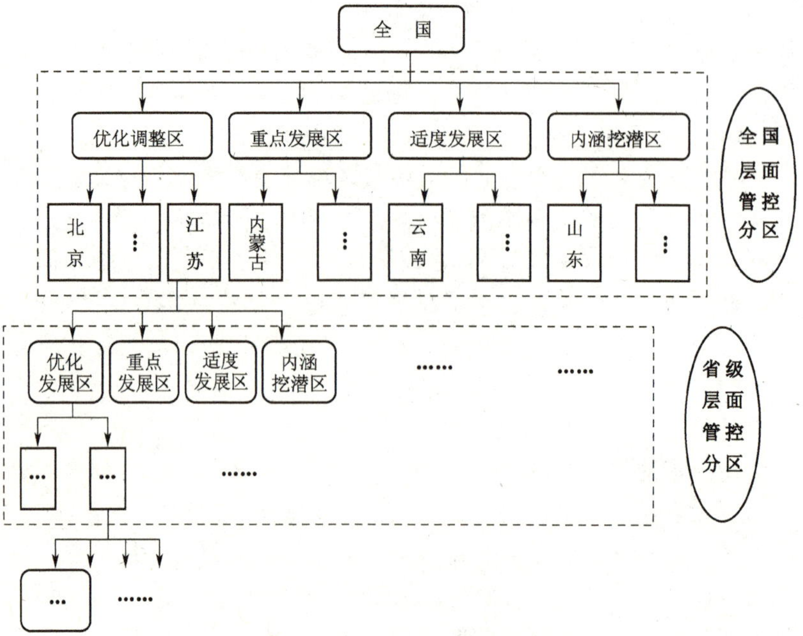

图 5-5 区域协调发展的建设用地管控分区体系

其具体分区过程进行说明，可分为单项指标等级划分、分区指标叠置分析、叠置空间初步归类、管控区域类型划分四个步骤。省级及以下层面的行政区域可根据地区社会经济发展及建设用地利用管理的实际情况，参照上述分区方法进一步划分为更详细的建设用地管控区域。

第一步，以前文关于我国经济发展和资源禀赋的区域分异研究结果为基础，对全国31个省(区、市)经济发展阶段和资源禀赋进行等级划分，其中经济发展阶段应参照前文钱纳里发展阶段理论的划分结果，分为工业化初期、中期和后期三个阶段；资源禀赋则依据前文测算的人均建设用地可拓展空间划分为两个等级，高于全国平均水平的划定为资源禀赋丰厚，低于全国平均水平的划定为资源禀赋薄弱。

第二步，对全国31个省(区、市)的经济发展阶段和资源禀赋两个指标进行叠置分析，建立不同经济发展阶段和资源禀赋等级的省级单元之间的空间对应关系。依据上述叠置结果，可以将全国31个省(区、市)划分为六大空间类型，分别为初期—薄弱、初期—丰厚、中期—薄弱、中期—丰厚、后期—薄弱和后期—丰厚六类。

第三步，遵循供给引导需求的原则，对上述空间类型进行进一步归纳总结，初步形成全国层面的建设用地管控分区。以资源禀赋为主导因素，兼顾其经济发展的阶段性特征将资源禀赋薄弱的三类空间归纳为两大类建设用地管控区域，即初期—薄弱和中期—薄弱两类空间定位为内涵挖潜区，后期—薄弱空间定位为优化调整区。这两类区域的定位主要是控制建设用地增量指标的配置规模，倒逼其通过建设用地存量挖潜或者产业结构优化升级来实现社会经济的平稳、健康发展。将资源禀赋丰厚的三类空间归纳为两大类建设用地管控区域，即初期—丰厚空间定位为适度发展区，通过建设用地增量指标的适当倾斜，满足其所处特定发展阶段的资源代价性消耗需求；中期—丰厚和后期—丰厚两类空间定位为重点发展区，通过增加建设用地增量指标规模和提升建设用地集约利用水平来促进社会经济快速平稳发展。

第四步，参照我国现有主体功能区划、四大板块格局、老少边穷地区等特定区域类型体系，对上述初步分区结果进行适当调整，最终形成全国层面不同类型的建设用地管控区域，具体结果见表5-7。

表5-7　我国建设用地管控区域类型

区域类型	省(区、市)
优化调整区	广东、浙江、江苏、天津、北京、上海、福建
重点发展区	内蒙古、陕西、山西、新疆、重庆、湖北、黑龙江、吉林、辽宁
适度发展区	云南、贵州、四川、甘肃、宁夏、西藏
内涵挖潜区	河南、河北、山东、安徽、湖南、江西、海南、广西、青海

通过经济发展阶段和资源禀赋两项指标的空间叠置，并结合我国现有区域管控分区体系进行适当调整后形成的建设用地管控分区体系，基本能够体现区域经济发展阶段及资源禀赋的相似性与差异性等分区原则；与主体功能区划、四大板块等现有管控分区体系相对照，研究结果与我国现有区域发展格局基本吻合，能够体现不同区域未来社会经济发展战略定位的差异，同时适当考虑了老少边穷地区的特殊性。分区结果具有较强的科学性和合理性，可以为我国建设用地增量指标的区域优化配置提供分区基础，为区域差别化建设用地管控政策的制定提供参考和依据。

5.3 本章小结

本章首先对我国现有的区域管控分区体系进行了梳理，主要包括主体功能区划、四大板块、土地利用综合分区、行政区划等，它们在促进区域协调发展和资源合理开发利用方面起到了一定的积极促进作用，但对于建设用地的区域配置和管控都存在着不同程度的局限性。因此提出需要根据区域经济发展阶段和资源禀赋条件的异同，构建以促进区域协调发展为目标的建设用地管控分区体系，为我国建设用地增量指标的区域优化配置提供分区依据。然后，通过建立数学模型对我国经济发展和资源禀赋的区域分异特征进行了定量分析，结果发现随着经济发展水平的不断提高，建设用地的扩张规模和集约度增加值都符合库兹涅茨曲线规律，并在此基础上构建了建设用地管控分区体系，借助 ArcGIS 的空间分析功能，并参照我国现有建设用地管控分区体系，将全国 31 个省（区、市）划分为 4 类建设用地管控区域，其中优化调整区包括上海、北京、天津、广东、江苏、浙江、福建，重点发展区包括内蒙古、陕西、山西、新疆、重庆、湖北、黑龙江、吉林、辽宁，适度发展区包括云南、贵州、四川、甘肃、宁夏、西藏，内涵挖潜区包括河南、河北、山东、安徽、湖南、江西、海南、广西、青海。区域协调发展的建设用地管控分区体系为我国建设用地增量指标的区域优化配置提供了分区基础。

6

耦合社会经济发展需求与资源禀赋约束的建设用地增量指标初始分配

根据前文的研究结果，结合我国当前所处的发展阶段，可以判断未来一定时期内随着社会经济发展我国建设用地利用的变化规律为：建设用地规模扩张的趋势将逐渐减缓，但整体上仍处于持续扩张阶段。未来我国建设用地规模的变化应满足社会经济发展的整体需求，因此，我国建设用地增量指标初始分配的思路是：首先，要测算出当前经济发展形势下，满足我国未来一定时期内社会经济发展需求所要增加的建设用地总规模；然后，在此基础上综合考虑各区域的实际状况，通过构建合适的量化分析模型，完成我国建设用地增量指标在不同地区间的初始分配。在将全国建设用地增量指标总规模分解到不同地区时，应改变以往土地利用规划工作中出现的仅注重经济发展的用地需求，而对资源禀赋约束考虑不够充分的现状。除考虑经济增长对用地扩张的依赖性之外，建设用地增量指标分配还要尊重由生态保护、粮食安全、水土匹配等因素决定的资源供给保障能力。

根据第 5 章所建立的建设用地管控分区体系，同时考虑到我国当前建设用地管理决策都是在行政区范围内执行的，地方政府是建设用地管理的行为主体，因此，本章的建设用地增量指标分配以省级行政区域为基本单元切入研究。即首先根据资源实际占有情况、社会经济发展实际指标等，运用所建立的数学模型将全国建设用地增量指标在各省（区、市）间进行分配，然后将各省（区、市）建设用地增量指标的合理规模根据前文建立的分区体系进行分区域汇总，从而得到各管控区域的建设用地增量指标初始分配结果。

根据第 3 章对基本概念的界定可知，本书研究的建设用地增量指标是指建设用地净增量，即目标年的建设用地规模减去基期年的建设用地规模。其中，基期年确定为 2010 年，目标年确定为现行土地利用总体规划的目标年 2020 年。

6.1 全国建设用地增量指标总规模测算

本书此处需要先测算出我国 2020 年的建设用地总规模，然后减去 2010 年的建设用地总规模即可得到全国建设用地增量指标总规模，用公式表示如下：

$$C' = C_t - C_0 \tag{6-1}$$

式中，C'为2011—2020年的建设用地增量指标总规模；C_t为2020年的建设用地总规模；C_0为2010年的建设用地总规模。

因此，首先要选取适当的方法测算我国2020年的建设用地规模，将结果代入公式(6-1)，计算得到全国2011—2020年的建设用地增量指标总规模。

1) 模型构建

此处选取柯布-道格拉斯生产函数作为测算建设用地规模时参考的基本模型。该生产函数是多变量非线性模型，主要反映的是劳动力、固定资本等各种要素投入与经济产出之间的关系，在众多研究领域都已得到了广泛的应用。模型的基本表达形式为

$$P = A(t)L^{\alpha}K^{\beta}\mu \tag{6-2}$$

式中，P是总产值；$A(t)$是综合技术水平；L是投入的劳动力数量；K是投入的固定资本数量；α是劳动力产出的弹性系数；β是资本产出的弹性系数；μ表示随机干扰的影响。

考虑土地要素投入在经济生产中的重要作用，本研究在公式(6-2)的右边加入土地要素，并将其弹性系数庙宇为γ从而模型转变为①：

$$P = A(t)L^{\alpha}K^{\beta}C^{\gamma}\mu \tag{6-3}$$

为便于应用该模型进行计量分析，对公式(6-3)进行对数化处理，得到下式：

$$\ln P = \ln A(t) + \alpha\ln L + \beta\ln K + \gamma\ln C + \varepsilon \tag{6-4}$$

根据本课题研究的需要，为了便于考察国民经济增长、人口规模变化、固定资本投入等因素对建设用地规模变化的影响，同时兼顾土地利用技术改进等对建设用地规模变化的影响，此处对模型做进一步调整，将建设用地规模作为因变量，国民经济总量、总人口规模、固定资产投资总额作为自变量，并引入建设用地集约利用水平指标作为自变量，最终建立的用于分析建设用地规模变化的数学模型形式如下：

$$\ln C = \alpha_1\ln P + \alpha_2\ln L + \alpha_3\ln K + \alpha_4\ln S + \alpha_0 \tag{6-5}$$

式中，C为建设用地面积；P为GDP；L为总人口；K为固定资产投资；S为土地集约利用综合水平；a_1、a_2、a_3、a_4为待佑系数；a_0为常数项。

2) 数据来源及处理

社会经济数据与土地利用数据来源与前文相同。土地集约利用综合水平则是

① 王建康. 土地要素对中国城市经济增长的贡献分析[J]. 中国人口·资源与环境，2015，25(8)：10-17.

通过构建数学模型对全国各地区建设用地集约利用状况进行综合评价得来的，具体评价过程如下：

① 指标选取

区域建设用地集约利用综合评价的指标体系是根据中华人民共和国土地管理行业标准《建设用地节约集约利用评价规程》，并结合本书研究需要进行构建的。根据规程中关于区域建设用地集约利用状况评价的规定，考虑原始数据的可得性，本研究从利用强度指数（正向）、增长地耗指数（负向）、用地弹性系数（正向）和管理绩效指数（正向）等方面选取了建设用地人口密度、建设用地地均 GDP、建设用地地均固定资产投资等 9 项指标，对我国建设用地集约利用水平进行综合评价，见表 6-1。

表 6-1 区域建设用地集约利用综合评价的指标体系

目标层	准则层	指标层	指标说明
区域建设用地集约利用评价	利用强度指数（+）	建设用地人口密度 x_1（人/km^2）	基准年总人口与建设用地面积的比值
		建设用地地均 GDP x_2（万元/hm^2）	基准年 GDP 总量与建设用地总面积的比值
		建设用地地均固定资产投资 x_3（万元/ hm^2）	基准年之前 3 年（含基准年）全社会固定资产投资总额的平均值与基准年建设用地总面积的比值
	增长地耗指数（−）	人口增长耗地 x_4（hm^2/人）	基准年建设用地增量与人口增长量的比值
		单位 GDP 增长耗地 x_5（hm^2/万元）	基准年建设用地增量与 GDP 增长量的比值
		单位固定资产投资增长耗地 x_6（hm^2/万元）	基准年建设用地增量与全社会固定资产投资总额的比值
	用地弹性系数（+）	人口与建设用地增长弹性系数 x_7	基准年前 3 年（含基准年）人口增长与同期建设用地总面积增长幅度的比值
		GDP 与建设用地增长弹性系数 x_8	基准年前 3 年（含基准年）GDP 增长幅度与同期建设用地总面积增长幅度的比值
	管理绩效指数（+）	城市土地供应市场化程度①x_9（%）	$(A/B)\times[(0.2A_1+0.5A_2+A_3+A_4)/A]$ A 和 B 分别为基准年以出让方式供应的土地面积、出让和划拨供应土地总面积，A_1、A_2、A_3、A_4 分别为以协议、招标、拍卖、挂牌方式供应的土地面积

① 该指标的计算借鉴吴郁玲等《中国城市土地集约利用的影响机理：理论与实证研究》一文中的研究方法。

② 标准化处理和权重确定

各项指标在建设用地集约利用综合评价体系中的权重采用层次分析法和特尔菲法相结合的方法进行确定。层次分析法是通过对准则层、指标层各项指标的相对重要性进行判断,组成判断矩阵,作为权重值计算的依据。特尔菲法是通过对准则层、指标层各项指标的权重进行多轮专家打分,取全部专家最终打分的平均值作为各指标的权重值。

③ 综合评价指数计算

$$Q = \sum_{i=1}^{n} (x_i' \times \omega_i) \tag{6-6}$$

式中,Q 为建设用地集约利用综合指数;ω_i 为第 i 项指标的权重值。

3) 计量分析

由于数据涉及我国 31 个省(区、市)的面板数据,因此需要构建面板数据模型对我国建设用地规模变化进行分析。首先,运行计量经济学软件 Stata12.0 对面板数据的异方差、自相关、截面相关等进行检验,结果表明 p 值均小于 0.01,即认为同时存在组内自相关、组间截面相关和组间异方差。因此,在进行回归时必须同时考虑,才能有效估计模型参数;其次,根据 Hausman 检验结果,此处选择固定效应模型运用 stscc 命令对公式(6-5)的参数 α_0、α_1、α_2、α_3、α_4 进行估计,结果见表 6-2;最后,将各参数的估计结果代入公式(6-5),得到用于测算我国 2020 年建设用地总规模的方程,具体见公式(6-7)。

$$\ln C = 0.1683 \ln P + 0.1980 \ln L - 0.0362 \ln K - 0.0354 \ln S + 4.1909 \tag{6-7}$$

根据估计结果,模型的拟合优度在 80%以上,说明回归方程对全国面板数据观测值的拟合程度较好;各项指标的系数均在 1%或者 5%的水平上显著,说明社会经济发展、人口规模增加、土地利用技术提高等因素都会对建设用地规模的变化产生一定的影响。因此,该回归方程可以被用来对我国未来一定时期内的建设用地规模扩张趋势进行预测。

表 6-2 模型估计结果

参数	α_0	α_1	α_2	α_3	α_4
系数	4.190 9	0.168 3	0.198 0	−0.036 2	−0.035 4
t 检验值	0.000*	0.000*	0.000*	0.004*	0.048**

注：*、**分别表示在 1%、5%的水平上显著。

4）建设用地增量规模测算

应用前文建立的回归模型对我国 2020 年建设用地规模变化进行测算，必须首先对我国目标年的国内生产总值、总人口、固定资产投资和土地利用集约度进行预测。

① 国内生产总值 P_t 预测

根据中国共产党第十八次全国代表大会确定的发展目标，2020 年要实现国内生产总值比 2010 年翻一番，即 2020 年我国 GDP 总量要达到 627 119 亿元（2000 年可比价）。

② 总人口 L_t 预测

根据《人口发展"十一五"和 2020 年规划》确定的人口发展目标，我国 2020 年人口总量控制在 14.5 亿人左右，即 2020 年我国总人口规模达到 145 000 万人。

③ 固定资产投资额 K_t 预测

现阶段我国经济发展已逐步进入新常态，国民经济从高速增长期向中高速平稳增长期过渡。中国社科院发布的《经济蓝皮书：2015 年中国经济形势分析与预测》认为，作为国民经济"三驾马车"之一的投资增长态势预计趋稳，未来一段时期内，我国固定资产投资额的增速将逐步放缓，增幅总体趋于平稳。据此，本书以 2002—2010 年我国全社会固定资产投资的数据为基数，对 2020 年我国固定资产投资额进行预测，构建的模型形式如下：

$$K_t = 30\,515 \times t^{0.76142} \tag{6-8}$$

根据公式（6-8）进行计算，到 2020 年我国全社会固定资产投资额将达到 287 198万元（2000 年可比价）。

④ 土地集约利用综合水平 Q_t 预测

应用前文对全国各地区建设用地集约利用综合水平进行评价的数学模型，对我国 2002—2010 年的建设用地集约水平进行综合评价，结果见表 6-3。

表 6-3 我国 2002—2010 年建设用地集约利用综合水平

年份	2002	2003	2004	2005	2006	2007	2008	2009	2010
土地利用集约度	33.85	35.28	36.66	38.93	41.12	42.74	44.62	46.9	49.16

以表 6-3 中的数据为基础，根据我国当前及未来一定时期内的社会经济发展特征，运用趋势预测法对我国 2020 年的建设用地集约利用综合水平进行预测，构建的模型形式如下：

$$Q_t = -0.0114t^2 + 2.4023t + 28.5809 \tag{6-9}$$

根据公式(6-9)进行预测，2020 年我国建设用地集约利用综合水平将提高到 70.11。

⑤ 建设用地总规模 C_t 测算

将上述各项指标 P_t、L_t、K_t、Q_t 的预测值代入公式(6-9)，可以计算得到 2020 年我国建设用地总规模将增加到 3 510.45 万 hm^2。

⑥ 建设用地增量总规模 C' 测算

基于上述测算结果，通过公式(6-1)可以计算得到 2011—2020 年全国建设用地增量指标总规模为 135.40 万 hm^2。

6.2 建设用地增量指标初始分配评价指标体系构建

1) 指标体系构建的原则与思路

评价指标体系的构建是进行建设用地增量指标配置的基础和关键。建设用地增量区域配置的指标体系构建需要遵循以下几项原则：

① 系统性原则

建设用地利用是一个结构复杂、层次分明的庞大系统，这个系统由若干个相互关联、相互影响的子系统构成。我国建设用地增量分配主要是在国民经济和社会发展计划、土地利用总体规划、国家宏观调控战略以及土地利用实际情况等因素的综合指导下进行的。评价指标体系的构建需要在系统论观点的指导下，充分考虑各因素对建设用地指标配置的影响，同时综合协调各项规划计划、宏观调控战略等之间的相互关系，使建设用地利用这个大系统能够保持健康平稳状态。注重所选指标对评价目标的贡献度和各指标之间的关联度，以系统的整体目标去协调各个子系统的运行目标。

② 科学性原则

在构建建设用地增量配置评价指标体系时，从单项指标的选取、量化和分析到指标体系整体框架、层次和赋权，所有环节都必须在对建设用地利用系统广泛调研、科学论证和深入研究的基础上进行，确保建设用地增量指标配置全过程的科学合理，才能为区域协调发展和生态文明建设提供可靠的参考和借鉴。所选用的评价指标都必须是以完整、准确的科学理论为依据精确界定的指标，各评价指标的权重也要选择准确、适用的数学方法，并结合科学理论的指导进行综合确定。建设用地增量指标区域配置需要全面综合地考虑不同区域社会经济发展、生态环境状况和实际土地利用等因素，在保证我国国民经济和社会发展、宏观调控战略等目标得以实现的基础上，科学合理地确定各区域的建设用地增量指标规模，以实现区域协调发展。

③ 可操作性原则

评价指标体系构建的最终目的是要将其应用到实际工作中，以有助于更好地完成建设用地增量指标在不同区域间的分配，实现建设用地优化配置，促进我国区域协调发展。因此，所构建的指标体系应具有可操作性。一方面，所选取的指标数据易于收集整理，后期可进行定量化处理，以方便代入评价模型进行计算分析，尽量减弱人为因素对其产生的影响。有些经过转换能够量化的指标，如果无法保证转换过程的科学准确性，转换过程可能增添或损失较多的相关信息，其量化处理会造成评价结果的失真。对于这类指标应该舍弃，避免选用。另一方面，应尽量选用相对成熟或学术公认的相关指标，与国内国际相关研究领域相吻合，指标数据可以长期连续获取，以便于同类研究对象的横向对比分析和同一对象不同时段的纵向比较分析。指标的可操作性是保证研究方法科学性的关键，更是研究结果得以推广应用的前提和基础。

根据前文的分析可以得知，建设用地规模的变化一方面要受自然资源条件的影响，如水土资源匹配、资源环境容量等自然因素，这些因素主要通过影响用地供给能力来制约建设用地的扩张趋势；另一方面要受人类对自然资源开发利用的影响，如基础设施投资建设、物资需求目标等社会经济因素，这些因素则主要通过对建设用地的需求变化推动建设用地的扩张趋势。根据社会经济因素和自然因素对建设用地扩张的不同影响机理，在上述原则和供求理论的指导下，本书分别从社会经济发展和自然资源禀赋两方面选取指标，来构建我国建设用地增量指标初始分配的评价指标体系，具体结果见表 6-4。

2）社会经济发展需求

区域社会经济发展对建设用地规模变化的影响是全方位的和十分显著的：其一，社会经济环境是建设用地利用的现实环境背景之一，影响着建设用地开发利用的方向；其二，社会经济发展水平是建设用地开发利用的基本保障条件之一，影响着建设用地的利用方式和利用强度；其三，社会经济发展与建设用地利用之间相互作用，相互制约，进而影响着区域社会经济的持续、协调发展和土地资源的科学合理配置。根据社会经济发展因素对建设用地的影响，此处选取非农产值增加值、固定资本投资额增加值和人口规模增加值三项代表性指标进一步开展定量化研究。

表 6-4 我国建设用地增量区域配置指标体系

目标层	准则层	指标层	指标说明
建设用地增量规模	社会经济发展需求	非农产值增加值	研究期末的非农产业总产值减去期初的非农产业总产值
		固定资本投资额增加值	研究期末的全社会固定资本投资额减去期初的全社会固定资本投资额
		人口规模增加值	研究期末的总人口规模减去期初的总人口规模
	自然资源禀赋约束	建设用地可拓展空间	是指自然条件适宜开展建设开发活动的土地资源，数值为区域土地总面积扣除生态敏感区、基本农田保护面积以及现状建设用地后的余额
		耕地保有量	指一定区域内的耕地总数量
		水资源总量	等于地表水资源量与地下水资源量相加并扣除两者重复量后的结果

① 非农产值增加值

区域发展确定的经济增长目标离不开各类生产要素投入的支撑和保障。土地要素投入生产活动带来的经济增长的直接表现为地区生产总值的增长；而建设用地资源的投入对经济增长的贡献则主要为非农产业的发展。因此，选取非农产值增加值来表征实现经济产出目标引起的建设用地规模增加。

② 固定资本投资额增加值

固定资本投资额的增加会使土地利用方向和土地利用结构发生很大的变化，从而引起建设用地需求的变化。因此，选取固定资本投资额增加值来表征为匹配资本要素投入目标而需要增加的建设用地投入。

③ 人口规模增加值

人口作为土地利用系统中一个独特的子系统，对土地利用变化的影响是所有因素中最重要也最具活力的因素之一。人类通过改变土地利用类型和土地利用结构来满足自身生存和发展的需求。因此，选取人口规模增加值来表征人口系统变化引起的建设用地规模扩张趋势。

3）自然资源禀赋约束

所谓自然资源，是指在一定的时间条件下，能够产生经济价值以提高人类当前和未来福利的自然环境因素的总称（联合国环境规划署，1972）。区域自然资源禀赋不同，也就意味着区域生态环境系统的稳定性不同，人类可以从中获取的、用以满足自身生存需求的要素多寡也不相同。自然资源禀赋的差异直接影响着人类从事生产、生活活动的方式和资源开发利用的方向，进而影响着区域的土地利用类型和土地利用结构，最终对建设用地规模的变化趋势产生影响。根据自然资源禀赋因素的构成及其对建设用地的影响，此处选取建设用地可拓展空间、耕地保有量和水资源总量三项代表性指标进一步开展定量化研究。

① 建设用地可拓展空间

根据前文介绍的建设用地可拓展空间的计算方法可知，建设用地可拓展空间是在保护生态环境系统稳定的前提下确定的可供进一步开发利用的建设用地资源。以建设用地可拓展空间来表征区域土地资源禀赋状况参与进一步的定量化研究，可以在区域经济发展和资源开发利用的过程中有效兼顾保护生态环境目标的实现。

② 耕地保有量

耕地保有量的多少直接意味着区域粮食安全能否得到有效保障。为保障经济发展，合理的耕地损失是应该的。但是，人多地少的基本国情决定着我国进行建设用地增量指标配置的首要前提是必须保护耕地、保障粮食安全。因此，选取耕地保有量指标参与进一步的定量化研究，可以在保障区域经济发展的同时兼顾粮食安全目标的实现。

③ 水资源总量

水资源与土地资源在空间上的匹配格局对区域的可持续发展、资源的可持续利用具有举足轻重的作用。要进行我国建设用地增量指标在空间上的配置，必须考虑水资源分配的空间格局，尊重水资源对建设用地增量的相对承载能力。因此，选取水资源总量指标参与进一步的定量化研究，可以通过提高水土资源匹配程度来实现建设用地增量的空间配置效率。

6.3 基于相对资源承载力的建设用地增量指标初始分配

所谓资源承载力是指一个区域所拥有的资源总量对该区域内人口生存和发展的支撑能力。相对资源承载力则是指通过选择资源承载力的理想状态区域作为参照区，以该区域的人均资源拥有量作为基本标准，将研究区与参照区的资源状况进行比较，进而测算出待研究区域所拥有的资源总量可支撑的适度人口规模。相对资源承载力的研究方法在区域协调、可持续发展等研究中得到了广泛应用[①]。本书拟借鉴相对资源承载力的研究方法，根据自然资源禀赋条件、社会经济发展水平等区域差异，构建基于相对资源承载力的指标区域配置模型，合理确定各区域建设

① 陈英姿，景跃军. 吉林省相对资源承载力与可持续发展研究[J]. 人口学刊，2006(1):41-45.

用地增量指标规模。

6.3.1 基于相对资源承载力的建设用地增量规模测算模型构建

相对资源承载力方法是在将研究区与参照区进行比较的基础上，研究分析各类资源的相对承载力的区际差异，进而确定建设用地增量指标合理规模。首先，根据研究区各类资源存量和参照区各类资源总量的对比关系，分别计算研究区相对各单项指标可承载的建设用地增量指标规模。然后，在此基础上分别构建基于优势资源牵引效应和劣势资源束缚效应的线性规划模型，并求解线性规划模型得到各区域基于优势资源牵引效应的建设用地增量最大规模和基于劣势资源束缚效应的建设用地增量最小规模。最后，取最大规模和最小规模的几何平均值作为各区域建设用地增量指标的合理规模，即为建设用地增量指标的初始配置结果①。

1）单项指标相对的建设用地增量规模

$$S_i = \frac{S_0}{R_{i0}} \times r_i \qquad i = 1,2,\cdots,n \tag{6-10}$$

式中，S_i 是研究区第 i 项指标对应的相对建设用地增量规模；S_0 是参照区建设用地增量总规模；R_{i0} 是参照区第 i 项指标值；r_i 是研究区第 i 项指标值。

2）基于优势资源牵引效应和劣势资源束缚效应的建设用地增量规模

在确定建设用地增量规模时，需要综合考虑各项因素的影响，合理确定相对应指标的权重。为消除指标权重确定过程中主观性的影响，此处基于优势资源牵引效应和劣势资源束缚效应，分别构建线性规划模型，以客观确定各项指标的权重取值，并求解模型从而得到基于优势资源牵引效应的建设用地增量最大规模和基于劣势资源束缚效应的建设用地增量最小规模②。所构建的线性规划模型如下：

① 目标函数

基于优势资源牵引效应的建设用地增量最大规模：

$$S_{\max} = \omega_1 S_1 + \omega_2 S_2 + \cdots + \omega_n S_n + \omega_{n+1} \sqrt[n]{S_1 S_2 \cdots S_n} \tag{6-11}$$

基于劣势资源束缚效应的建设用地增量最小规模：

$$S_{\min} = \omega_1 S_1 + \omega_2 S_2 + \cdots + \omega_n S_n + \omega_{n+1} \sqrt[n]{S_1 S_2 \cdots S_n} \tag{6-12}$$

---

① 黄常锋，何伦志，刘凌. 基于相对资源承载力模型的研究[J]. 经济地理，2010，30(10)：1612-1618.

② 翟腾腾，郭杰，欧名豪. 基于相对资源承载力的江苏省建设用地管制分区研究[J]. 中国人口·资源与环境，2014，24(2)：69-75.

式中，$S_{\max}$、$S_{\min}$ 分别为研究区基于优势资源牵引效应的建设用地增量最大规模和基于劣势资源束缚效应的建设用地增量最小规模；ω_i 为第 i 项指标的权重值。

② 约束条件

$$\begin{cases} \alpha \leqslant |\omega_i - \omega_j| \leqslant \beta & i,j = 1,2,\cdots,n \text{ 且 } i \neq j \quad (6\text{-}13) \\ \gamma \leqslant \omega_i \leqslant 1 & i,j = 1,2,\cdots,n \quad (6\text{-}14) \\ \sum_{i=1}^{n+1} \omega_i = 1 & \quad (6\text{-}15) \end{cases}$$

式中，w_i，w_j 为因子权重；β、α 分别为各评价因子之间权重差异的上下限；γ 为各评价因子权重的下限。

3）基于相对资源承载力的建设用地增量指标合理规模

几何平均值一般易受极小数值的影响，当变量序列中有异常小的数值时，几何平均值将会明显趋小，比如当任意变量数值为 0 时，则该变量序列的几何平均值为 0。因此，为了能够在建设用地增量最大规模和最小规模差距较大时，保证劣势资源的束缚效应不被消除而影响模型最终的分析结果，此处选用计算几何平均值的方法确定各区域基于相对资源承载力的建设用地增量指标合理规模，具体计算公式如下：

$$S'_j = \sqrt{S_{\max} S_{\min}} \tag{6-16}$$

6.3.2 建设用地增量指标初始分配规模测度

依据全国 31 个省（区、市）的社会经济发展和自然资源禀赋指标数据，运用上述构建的基于相对资源承载力的建设用地增量测算模型，对我国建设用地增量指标进行初步分解。

1）我国 31 个省（区、市）单项指标相对的建设用地增量规模

根据前文所建立的评价指标体系，收集整理各省（区、市）的社会经济发展和自然资源禀赋资料及数据，并进行整理分析，以得到建设用地增量指标分配的原始数据，结果汇总见表 6-5。其中，社会经济发展需求是指未来发展对用地规模扩张的引致性作用，因此该类指标数值采用的是基期 2010 年到目标 2020 年的增加值；资源禀赋供给约束是指现有资源基础对未来用地规模扩张的抑制性作用，因此该类指标数值采用的是基期 2010 年的现状数据。

用来表征社会经济发展需求的三项指标数值获取过程为：首先，收集全国及各省（区、市）1999—2010 年的非农产值、全社会固定资产投资额和总人口规模原始数据；然后，以此为基数采用趋势法预测 2020 年各指标的数值；最后，以 2020 年数

值减去 2010 年数值得到研究期间非农产值增加值、固定资产投资额增加值和总人口增加值。

用来表征资源禀赋供给约束的三项指标数值获取过程为：耕地保有量是以国土资源部网站公布的第二次土地调查主要数据成果公报中的耕地面积为基础，结合《中国国土资源年鉴（2011 年）》中 2010 年耕地面积变化相关数据进行整理得到；建设用地可拓展空间指标数值采用第 5 章中基于资源禀赋的建设用地可拓展空间测算的研究结果；水资源总量数据来源于《中国统计年鉴（2011 年）》。

表 6-5　我国各省（区、市）建设用地增量配置指标原始数值

省（区、市）	社会经济发展需求			资源禀赋供给约束		
	非农产值增加值（亿元）	固定资产投资额增加值（亿元）	总人口增加值（万人）	耕地保有量（万 hm²）	建设用地可拓展空间（万 hm²）	水资源总量（亿 m³）
北京	5 463.76	2 625.40	394.78	589.37	94.68	922.82
天津	3 649.74	2 244.18	198.85	22.57	1.20	23.08
河北	7 624.68	6 241.84	367.71	133.60	25.66	1 652.71
山西	2 825.38	2 602.69	174.72	540.71	91.03	215.25
内蒙古	3 962.54	4 688.12	37.61	252.40	51.01	1 998.79
辽宁	7 394.57	7 299.61	142.41	442.35	63.82	1 823.57
吉林	2 960.53	3 824.52	73.67	455.19	67.02	956.54
黑龙江	4 320.18	2 271.24	27.63	72.86	12.81	479.82
上海	7 810.98	2 731.72	294.56	655.34	113.99	138.92
江苏	16 897.24	10 547.91	433.20	817.72	131.83	534.89
浙江	11 650.89	6 726.80	647.89	1 593.55	539.68	853.48
安徽	4 328.82	5 064.85	−124.33	530.83	91.05	1 268.72
福建	6 391.74	3 576.46	262.74	412.92	84.93	1 906.61
江西	3 080.15	3 452.45	253.01	702.30	220.76	686.68
山东	16 526.66	11 487.38	541.65	460.68	67.65	383.53
河南	8 403.36	7 815.68	−84.09	308.21	62.41	2 275.49
湖北	5 781.58	3 439.10	47.52	503.35	94.32	606.67
湖南	4 971.24	3 575.61	339.71	918.63	136.55	388.54
广东	18 556.53	7 020.41	2 461.72	128.92	19.07	9.32

续表

省(区、市)	社会经济发展需求			资源禀赋供给约束		
	非农产值增加值(亿元)	固定资产投资额增加值(亿元)	总人口增加值(万人)	耕地保有量(万 hm^2)	建设用地可拓展空间(万 hm^2)	水资源总量(亿 m^3)
广西	2 912.21	2 780.78	112.11	58.70	7.56	741.11
海南	583.99	370.68	92.41	765.01	129.89	309.12
重庆	2 504.55	2 827.02	167.38	406.15	76.49	91.55
四川	5 772.22	4 941.82	−176.14	398.86	85.47	507.50
贵州	1 399.95	1 242.49	119.77	18.78	3.28	36.81
云南	2 184.99	2 298.28	385.98	670.37	153.94	2 575.29
西藏	204.02	219.72	32.77	44.43	5.92	9.20
陕西	2 718.74	3 099.15	169.73	44.30	5.12	4 592.95
甘肃	1 330.86	1 013.23	108.02	377.14	77.58	1 113.14
青海	428.54	356.92	47.65	623.73	90.00	1 941.45
宁夏	458.34	539.04	81.28	197.69	20.31	1 398.55
新疆	1 704.57	1 277.05	375.05	243.16	46.53	464.30

根据前文所构建的模型,应用公式(6-10)和表 6-5 中的数据,以全国为参照区,以 31 个省(区、市)域为研究区,计算 2020 年相对各单项指标的建设用地增量规模,结果见表 6-6。

表 6-6 我国各省(区、市)单指标相对的建设用地增量 单位:万 hm^2

省(区、市)	社会经济发展需求			资源禀赋供给约束		
	非农产值增加值	固定资产投资额增加值	总人口增加值	耕地保有量	建设用地可拓展空间	水资源总量
北京	4.72	3.23	6.26	0.23	0.06	0.10
天津	3.15	2.77	3.15	0.45	0.30	0.04
河北	6.59	7.69	5.83	6.63	5.78	0.61
山西	2.44	3.21	2.77	4.11	3.88	0.40
内蒙古	3.42	5.78	0.60	9.29	6.92	1.70
辽宁	6.39	8.99	2.26	5.09	4.78	2.66
吉林	2.56	4.71	1.17	7.10	11.19	3.01

续表

省(区、市)	社会经济发展需求			资源禀赋供给约束		
	非农产值增加值	固定资产投资额增加值	总人口增加值	耕地保有量	建设用地可拓展空间	水资源总量
黑龙江	4.60	4.03	1.12	16.11	27.35	3.74
上海	6.75	3.37	4.67	0.19	0.17	0.16
江苏	14.60	13.00	6.87	4.66	3.43	1.68
浙江	10.07	8.29	10.27	2.00	1.03	6.13
安徽	3.74	6.24	−1.97	5.96	4.80	4.04
福建	5.52	4.41	4.17	1.35	1.30	7.24
江西	2.66	4.25	4.01	3.12	3.16	9.97
山东	9.96	7.99	8.59	7.74	6.58	1.35
河南	3.81	5.32	6.73	8.27	6.68	2.34
湖北	5.00	4.24	0.75	5.37	4.62	5.56
湖南	4.30	4.41	5.39	4.18	4.30	8.35
广东	16.03	8.65	39.04	2.55	2.59	8.76
广西	2.52	3.43	1.78	4.47	3.23	7.99
海南	0.85	0.70	1.47	0.74	0.65	2.10
重庆	1.73	2.25	2.34	2.46	2.36	2.03
四川	4.99	6.09	−2.79	6.78	7.80	11.28
贵州	1.21	1.53	1.90	4.60	3.40	4.19
云南	1.89	2.83	6.12	6.31	4.56	8.51
西藏	0.18	0.27	0.52	0.45	0.26	20.12
陕西	2.35	3.82	2.69	4.03	4.33	2.22
甘肃	1.15	1.25	1.71	5.47	4.61	0.94
青海	0.37	0.44	0.76	0.59	0.38	3.25
宁夏	0.40	0.66	1.29	1.30	0.97	0.04
新疆	1.47	1.57	5.95	3.81	3.93	4.88

2）我国 31 个省（区、市）建设用地增量指标最大规模和最小规模

根据前文建立的基于优势资源牵引效应和基于劣势资源束缚效应的建设用地增量规模测算模型，利用 Lingo9.0 软件进行编程，并运行软件对模型参数进行多次试运算，同时考虑各评价指标对建设用地规模变化的具体影响，公式(6-13)、(6-14)中的参数取 $\alpha=0.01$、$\beta=0.2$、$\gamma=0.1$。应用上述确定的模型参数，依次将已经计算出来的各省（区、市）单项指标相对的建设用地增量规模作为模型运算的基础数据，运行 Lingo 9.0 软件求解线性规划模型，最终得到我国 31 个省（区、市）2020 年建设用地增量指标最大规模和最小规模，结果见表 6-7。

表 6-7　我国各省（区、市）建设用地增量指标最大规模和最小规模　单位：万 hm^2

省（区、市）	基于优势资源牵引效应的最大规模	基于劣势资源束缚效应的最小规模
北京	2.90	1.68
天津	1.83	1.19
河北	5.69	4.61
山西	3.22	2.72
内蒙古	5.18	3.63
辽宁	5.77	4.68
吉林	5.73	4.02
黑龙江	11.11	6.52
上海	2.96	1.77
江苏	8.15	5.92
浙江	6.93	5.08
安徽	3.34	1.48
福建	4.42	3.35
江西	5.18	4.01
山东	9.35	7.21
河南	6.76	2.63
湖北	4.40	3.60
湖南	4.56	3.84
广东	16.48	10.10
广西	3.40	2.10

续表

省(区、市)	基于优势资源牵引效应的最大规模	基于劣势资源束缚效应的最小规模
海南	1.14	0.85
重庆	2.61	2.40
四川	5.31	2.25
贵州	3.09	2.43
云南	5.58	4.38
西藏	5.33	2.32
陕西	3.40	3.00
甘肃	2.92	2.09
青海	1.23	0.77
宁夏	0.86	0.61
新疆	4.04	3.15

3）我国建设用地增量指标初始分配方案

将上述测算的31个省(区、市)建设用地增量指标最大规模和最小规模代入公式(6-16),计算出各省(区、市)建设用地增量指标的合理规模;然后,根据第5章的分区体系分别汇总得到优化调整区、重点发展区、适度发展区和内涵挖潜区的建设用地增量指标规模,从而得到我国建设用地增量指标初始分配方案,具体见表6-8。

表6-8 我国建设用地增量指标初始分配结果

区域	省(区、市)	基于发展需求的规模(万 hm^2)	基于供需平衡的规模(万 hm^2)	增减比例(%)
优化调整区	上海	4.78	2.29	−52.09
	北京	4.65	2.20	−52.69
	天津	2.97	1.48	−50.17
	广东	20.11	12.90	−35.85
	江苏	10.97	6.94	−36.74
	浙江	9.38	5.93	−36.78
	福建	4.59	3.85	−16.12
	合计	**57.45**	**35.59**	**−38.05**

续表

区域	省(区、市)	基于发展需求的规模(万 hm^2)	基于供需平衡的规模(万 hm^2)	增减比例(%)
重点发展区	内蒙古	2.82	4.33	53.55
	陕西	2.87	3.19	11.15
	山西	2.75	2.96	7.64
	新疆	2.81	3.56	26.69
	湖北	2.94	3.98	35.37
	重庆	2.69	2.50	−7.06
	黑龙江	3.68	8.51	131.25
	吉林	2.58	4.80	86.05
	辽宁	4.56	5.19	13.82
	合计	**27.70**	**39.02**	**40.87**
适度发展区	云南	3.47	4.94	42.36
	贵州	1.52	2.74	80.26
	四川	0.78	3.46	343.59
	甘肃	1.35	2.47	82.96
	宁夏	0.75	0.73	−2.67
	西藏	0.31	3.52	1035.48
	合计	**8.18**	**17.86**	**118.34**
内涵挖潜区	河南	5.21	4.22	−19.00
	河北	6.54	5.12	−21.71
	山东	8.74	8.21	−6.06
	安徽	2.20	2.23	1.36
	湖南	4.62	4.18	−9.52
	江西	5.06	4.56	−9.88
	海南	1.06	0.98	−7.55
	广西	2.89	2.68	−7.27
	青海	1.01	0.97	−3.96
	合计	**37.33**	**33.15**	**−11.20**

6.3.3 建设用地增量指标初始分配结果分析

为了能更清楚地对我国建设用地增量指标初始分配结果进行分析，文章此处选取各省(区、市)2010—2020 年的非农产值增加值、固定资本投资额增加值和人口规模增加值三项社会经济发展需求指标，代入上述基于相对资源承载力的建设用地增量指标分配模型；然后将基于社会经济发展需求指标的分配结果与基于供需综合指标的分配结果进行对比，结果见表 6-8。可以看出，与仅考虑社会经济发展需求因素下的分配方案相比较，兼顾发展需求与资源禀赋约束的各省(区、市)的建设用地增量指标规模都有不同程度的变化。

在建设用地增量指标分配模型中加入资源禀赋供给因素后，优化调整区的建设用地增量指标规模由 57.45 万 hm^2 减少到 35.59 万 hm^2，减少了 38.05%，该区域内的各省(市)建设用地增量规模都有不同程度的较少，其中，北京、上海、天津 3 个直辖市的减少比例都在 50%以上。这与其十分薄弱的自然资源禀赋是相符的，尤其是其土地开发强度均较高，建设用地可拓展空间十分有限，未来经济发展中建设用地规模扩张将对粮食安全和生态保护带来严重的威胁，应该逐步减少其建设用地增量指标规模。

重点发展区的建设用地增量指标规模由 27.70 万 hm^2 增加到 39.02 万 hm^2，增加了 40.87%，除重庆市外，该区域内的其他各省(区、市)都有不同程度的增加，其中黑龙江、吉林和内蒙古等省区增加比例都在 50%以上。这与该区域十分丰厚的自然资源禀赋十分相符，未来该区域的社会经济发展有较强的资源供给能力保障，可以在转变经济增长方式、提高集约用地水平的同时，适当增加建设用地增量指标规模，以充分满足其城镇化、工业化快速推进的建设用地需求。

适度发展区的建设用地增量指标规模由 8.18 万 hm^2 增加到 17.86 万 hm^2，增加了 118.34%，除宁夏外，该区域内的其他各省(区)都有很大幅度的增加。这主要与其所处发展阶段的特殊性有关，适度发展区内的省(区)基本都处于工业化初级阶段，发展水平相对较低，发展速度相对较慢，因此仅基于发展需求因素所分配的建设用地增量指标规模均相对较小。当兼顾资源供给保障能力时，其较为优越的资源禀赋优势便得以凸显，该区域未来发展过程中，可以适当增加其建设用地增量指标规模，以满足其特定发展阶段作为代价性损失的建设用地需求。

内涵挖潜区的建设用地增量指标规模由 37.33 万 hm^2 减少到 33.15 万 hm^2，减少了 11.20%，除安徽之外的其他省(区)均有一定比例的减少。这与其相对薄弱的资源禀赋相符，该区域内的各个省(区)或者存在建设用地可拓展空间相对不足的问题，或者存在水土资源分布不匹配问题，从而制约了未来社会经济发展中建设用地规模的扩张趋势。

综上所述，耦合经济发展需求和资源禀赋约束两方面因素之后的建设用地增量指标分配方案更符合不同区域自然资源禀赋条件的约束，尊重区域生态环境保护的要求。未来我国土地利用规划中的建设用地指标配置应综合考虑供给和需求因素的影响，在突出资源禀赋约束的前提下进行配置的结果才能真正兼顾经济发展和生态保护两大目标的实现，尤其是在生态环境敏感性和脆弱性较高的地区，更应该充分尊重自然资源禀赋条件，在维持生态系统稳定的前提下开发利用土地资源。

6.4 本章小结

本章首先测算了全国建设用地增量总规模，然后构建评价指标体系和线性规划模型完成了我国建设用地增量指标在不同区域的初始分配，总结如下：(1)以全国 31 个省（区、市）2000—2010 年的数据为基础，借鉴柯布道格拉斯生产函数原理构建面板数据模型，运行计量经济软件 Stata12.0 计算出 2011—2020 年全国建设用地增量指标总规模为 135.40 万 hm^2；(2)在系统控制论、区域协调发展、资源稀缺性等理论的指导下，从社会经济发展需求和资源禀赋约束两方面选取指标基于相对资源承载力构建线性规划模型，对我国建设用地增量指标在不同区域间进行初始分配，并将分配结果与仅考虑发展需求的分配结果进行对比分析，发现耦合经济发展需求和资源禀赋约束两方面因素的建设用地增量指标分配方案更符合不同区域自然资源禀赋条件的约束，更尊重区域生态环境保护的要求，能真正兼顾经济发展和生态保护两大目标的实现。

7 建设用地增量指标区域配置方案优化

建设用地资源作为人类社会生存和发展的重要物质基础，人类对其进行开发利用的目标除获取经济效益外，同时还追求相应的生态效益和社会效益等。因此，本书将资源配置效率定义为广义的效率，即社会、经济和生态等的综合效益。与第6章进行建设用地增量指标初始分配所选取的一系列总量指标相比较，效率指标能更准确地表征各区域发展阶段特征和资源供给保障能力的差异性，经过资源配置效率指标修正的建设用地增量指标区域配置方案能够更大限度地兼顾全国及各区域的粮食安全、经济增长和生态保护等多目标需求，在多个目标不能同时得到充分满足的情况下，权衡各区域社会经济发展和自然资源禀赋的实际状况，使我国的建设用地资源区域配置方案实现"帕累托效率"，从而更有利于区域协调发展战略目标的实现。

本章拟在第6章构建的建设用地增量初始分配评价指标体系的基础上，有针对性地选取资源配置效率指标，构建综合评价模型计算各省(区、市)的建设用地增量配置修正系数，以第6章测算的全国建设用地增量总规模为控制值，对初始分配方案进行优化，从而完成我国建设用地增量指标的区域优化配置。

7.1 建设用地增量配置优化的指标体系构建

7.1.1 指标体系构建的原则和思路

基于本书第4章分析可知，建设用地规模变化同时受到土地供给和需求两方面因素的影响，在此基础上，前文构建了耦合经济发展需求与资源禀赋约束的评价指标体系用于我国建设用地增量指标的初始分配。但是，第6章所构建的基于相对资源承载力的建设用地增量指标初始分配模型，由于其自身的特点和局限性决定了应用该模型进行用地指标分配时，仅能融入影响土地供需的社会经济发展和自然资源禀赋等总量指标，对于反映资源配置效率等的质量因素则难以容纳。基于以上分析，本章拟从影响用地需求紧迫性和供给能力约束的效率因素分析出发，构建用于建设用地增量指标初始配置方案优化的指标体系。指标体系的构建应遵循系统性、科学性和可操作性等原则，每项原则具体内涵见本书第 6 章第 2 节阐述。

基于上述，此处最终选取建设用地贡献率、集约度增加值、人口城镇化率、人均可拓展空间、人均耕地和水资源禀赋指数等六项能够反映资源配置效率的指标构建指标体系进行综合评价，并依据评价结果对我国建设用地增量指标初始配置方案进行优化。所构建的指标体系具体见表 7-1。

表 7-1 建设用地增量配置优化的指标体系

目标层	准则层	指标层	指标说明
建设用地增量配置优化	社会经济发展需求	建设用地贡献率 x_1	建设用地规模扩张对区域非农产值增加的贡献率
		集约度增加值 x_2（万元/hm^2）	以建设用地地均固定资本存量表征的集约度增加量
		人口城镇化率 x_3（%）	城镇人口占总人口的比重
	自然资源禀赋约束	人均可拓展空间 x_4（亩）	建设用地可拓展空间除以总人口规模
		人均耕地 x_5（亩）	耕地总面积除以人口总规模
		水资源禀赋指数 x_6	由地均水资源量和人均水资源量综合计算得到

7.1.2 社会经济发展需求

土地作为一种不可再生的自然资源，是人类社会生存和发展过程中必不可少的物质基础。尤其是建设用地资源，更是城镇化、工业化进程中不可或缺的要素投入。但是随着区域所处的发展阶段不断变化，产业结构不断优化升级，用地集约度和城镇化水平不断提高，从而建设用地在经济增长和社会进步中所发挥的作用也有所不同。要实现建设用地增量指标规模在不同地区间的合理分解，必须充分考虑不同增长方式下建设用地贡献率、建设用地集约度变化以及人口城镇化水平等方面的差异对建设用地规模扩张的影响。

1）建设用地贡献率

区域经济的持续增长离不开建设用地、资本和劳动力等各类要素投入的驱动作用。建设用地资源作为人类社会生产活动的重要物质基础，在区域经济增长过程中发挥着尤为重要的支撑作用，尤其是对二、三产业的发展更是起到不可或缺的支撑和保障作用。然而，在不同的经济发展阶段，各类生产要素投入的组合比例不同，从而对经济增长产生的贡献亦不相同，必须在科学分析各阶段各类生产要素对经济增长贡献率大小的基础上，识别其中最紧缺的生产要素，从而准确把握区域社会经济发展中的主要矛盾。对于土地要素而言，在经济增长中的贡献率越高，说明经济增长对建设用地的依赖性越高，需求越紧迫；反之，则说明经济增长对建设用地的依赖性越低。

为了体现各地区由于所处发展阶段不同所导致的经济增长对建设用地资源的需求紧迫性不同，以建设用地增量指标初始分配评价指标为基础，此处选取建设用地贡献率指标参与对初始分配方案的优化，以建设用地规模扩张对区域非农产值增加的贡献率来表征，具体测算思路见下文。

目前常用的测算要素投入对经济增长贡献的研究方法中，普遍得到学术界公认的是借鉴由美国数学家柯布(C. W. Cobb)和经济学家保罗・道格拉斯(Paul H. Douglas)共同提出的 Cobb-Douglas 生产函数模型：

$$Y = f(t,K,L) = A(t)K^{\alpha}L^{\beta}\mu \tag{7-1}$$

式中，Y 为工业总产值；$A(t)$ 为综合技术水平；K、L 分别为资本投入和劳动力投入；α、β 分别为资本要素和劳动力要素产出的弹性系数；μ 表示随机干扰的影响。为定量测算土地要素投入对经济增长的作用，本书在假定各类生产要素是相互独立的前提下，在上述生产函数模型中加入土地要素，从而得到如下生产函数：

$$Y = f(t,K,L,S) = A(t)K^{\alpha}L^{\beta}S^{\gamma}\mu \tag{7-2}$$

式中，S 为土地要素的投入量；γ 为土地要素产出的弹性系数。

根据计量分析方法的要求，为更加准确地求得生产函数中各项要素的系数，将等式两边同时取对数，得到如下线性回归模型：

$$\ln(Y) = \ln(A) + \alpha\ln(K) + \beta\ln(L) + \gamma\ln(S) + \varepsilon \tag{7-3}$$

区域经济增长的具体表现就是一定时期内区域经济产出总量的增长，其增长率可用 $\Delta Y/Y$ 来表示。相应地，各类生产要素的增长率分别可以表示为 $\Delta K/K$、$\Delta L/L$、$\Delta S/S$，从而由上式可得一定时期内的经济增长率分解模型：

$$\frac{\Delta Y}{Y} = \alpha \times \frac{\Delta K}{K} + \beta \times \frac{\Delta L}{L} + \gamma \times \frac{\Delta S}{S} + \lambda \tag{7-4}$$

由此可见，各类要素投入对经济增长的贡献率主要取决于其产出弹性系数和要素自身的年均增长率。那么土地要素投入对经济增长的贡献率则可以通过以下公式计算得到：

$$C_s = \gamma \times \frac{\Delta S/S}{\Delta Y/Y} \times 100\% \tag{7-5}$$

本书第 5 章以促进区域协调发展为目标将全国 31 个省(区、市)划分为四个不同类型的建设用地管控区域,此处为了体现不同类型区域间发展阶段的差异性和同一类型区域内发展阶段的共性,同时考虑面板数据模型在消除异方差等方面的作用,本书在对上述线性回归模型进行估计时,分别基于优化调整区、重点发展区、适度发展区和内涵挖潜区内的各省(区、市)域单元构建了面板数据模型。然后,在完成组内自相关、组间截面相关、异方差等检验的基础上,选择合适的估计方法对模型系数进行估计。

此处采用全国 31 个省(区、市)1999—2010 年的土地和社会经济相关数据进行计算。为了测算建设用地规模扩张对非农经济增长的贡献,此处经济增长指标 Y 采用非农产业增加值,固定资本存量 K 采用本书第 5 章的计算结果,劳动力要素 L 采用各省(市、区)二、三产业的从业人数,土地要素 S 采用各省(区、市)建设用地面积。模型估计结果见表 7-2。

表 7-2　不同类型管控区域 Cobb-Douglas 生产函数估计结果

区域	α	β	γ	拟合优度
优化调整区	0.896 8	0.085 3	0.053 8	0.982 2
重点发展区	0.713 8	0.373 1	0.210 2	0.978 0
适度发展区	0.758 1	0.051 6	0.278 8	0.992 4
内涵挖潜区	0.725 6	0.281 0	0.165 7	0.992 6

应用上述计算得到的建设用地产出弹性系数,结合各省(区、市)的经济增长率和建设用地面积变化率,计算得到我国 31 个省(区、市)建设用地规模扩张对非农经济增长的贡献率,具体结果见表 7-3。

表 7-3　我国各省(区、市)非农经济增长的建设用地贡献率

区域	省(区、市)	贡献率	区域	省(区、市)	贡献率
优化调整区	上海	1.41	适度发展区	云南	6.26
	北京	1.66		贵州	4.16
	天津	1.51		四川	3.10
	广东	1.17		甘肃	3.98
	江苏	1.27		宁夏	6.63
	浙江	1.67		西藏	8.84
	福建	1.48			

续表

区域	省(区、市)	贡献率	区域	省(区、市)	贡献率
重点发展区	内蒙古	2.76	内涵挖潜区	河南	1.33
	陕西	2.92		河北	2.30
	山西	2.51		山东	2.86
	新疆	3.80		安徽	1.40
	湖北	1.97		湖南	1.88
	重庆	4.66		江西	2.64
	黑龙江	2.11		海南	1.73
	吉林	2.18		广西	2.82
	辽宁	2.23		青海	2.31

2）集约度增加值

人类对土地资源的开发利用主要表现为规模的扩张和强度的增加，即广度和深度两个维度的开发。土地作为人类各项生活和生产活动的重要载体，两个维度的开发利用活动之间在一定程度上是可以相互替代的，人类可以通过增加单位面积土地的利用强度来适当遏制用地规模的扩张。即未来建设用地集约度增加值越大，说明可实现的集约度提升空间越大，建设用地规模扩张趋势越缓和；反之，则可实现的集约度提升空间越小，规模扩张趋势越强烈。

以建设用地增量初始分配评价指标为基础，此处选取建设用地集约度增加值指标参与对初始分配方案的优化，建设用地集约度以建设用地地均固定资本存量来表征，具体测算以本书第 5 章区域经济发展与建设用地集约利用变化的经济计量分析思路为基础，计算步骤如下：

第一，运用全国 31 个省(区、市)社会经济和建设用地的面板数据，分别建立优化调整区、重点发展区、适度发展区和内涵挖潜区在不同经济发展水平下的建设用地集约度变化曲线模型：

$$y_i = \beta_0 + \beta_1 x_i + \beta_2 x_i^2 + \varepsilon \qquad i = 1,2,3,4 \tag{7-6}$$

式中，y 代表建设用地集约度增加量；x 代表经济发展水平；i 代表不同的建设用地管控区域；β_0 代表常数项；β_1、β_2 代表自变量的估计系数；ε 为随机误差项。运行 Stata12.0 软件对不同区域的模型系数分别估计，结果见表 7-4。

表 7-4 不同管控区域模型系数估计结果

参数	优化调整区	重点发展区	适度发展区	内涵挖潜区
β_1	0.002 640 60 (8.31)*	0.002 517 90 (7.51)*	0.000 116 60 (0.16)	0.003 704 90 (7.08)*
β_2	−0.000 000 02 (−5.13)*	−0.000 000 01 (−1.47)	0.000 000 14 (3.57)***	−0.000 000 04 (−3.95)*
β_0	−27.878 900 00 (−4.30)*	−15.034 580 00 (−5.51)*	2.949 639 00 (1.11)	−20.188 260 00 (−5.08)*

注：①括号内为 t 检验值；② *、*** 表示在 1%、10%的水平上显著。

第二，预测 2011—2020 年全国各省（区、市）的人均 GDP。基于 1996—2010 年各省（区、市）人均 GDP 数据分别构建指数函数、对数函数、幂函数、线性和多项式等不同形式的趋势预测模型，通过对比分析选取其中拟合度最优的模型形式预测各省（区、市）2011—2020 年的人均 GDP x 的数值。

第三，将 x 依次代入建设用地集约度变化曲线模型，计算出对应的集约度增加量 y，然后依次累加得到 2011—2020 年各省（区、市）建设用地集约度增加值，结果见表 7-5。

表 7-5 我国各省（区、市）建设用地集约度增加值

区域	省（区、市）	集约度增加值（万元/hm^2）	区域	省（区、市）	集约度增加值（万元/hm^2）
优化调整区	上海	497.15	适度发展区	云南	384.93
	北京	581.34		贵州	346.90
	天津	479.62		四川	425.37
	广东	585.07		甘肃	284.99
	江苏	639.43		宁夏	415.06
	浙江	673.25		西藏	460.48
	福建	691.39			
重点发展区	内蒙古	684.28	内涵挖潜区	河南	571.63
	陕西	426.31		河北	592.48
	山西	408.40		山东	655.25
	新疆	346.18		安徽	526.84
	湖北	499.62		湖南	513.12
	重庆	412.91		江西	625.53
	黑龙江	669.81		海南	643.79
	吉林	612.12		广西	569.38
	辽宁	405.46		青海	406.12

3）人口城镇化率

城镇人口对空间的需求是城镇扩张的最初动力①。城镇人口的增加是城镇建设用地扩张的直接原因。随着经济发展水平的提高和居民收入的增加，人们对生存空间和居住环境的要求也在不断提高。从而，相比较于农村人口，城镇人口对居住用地、交通用地、工业用地、公共服务设施用地以及与之相配套的各项基础设施用地的需求更加强劲。因此，在常住人口规模一定的前提下，人口城镇化水平越高，对建设用地的需求越紧迫；反之，则对建设用地的需求越缓和。

以全国 31 个省（区、市）（不含港、澳、台地区）2000—2010 年人口城镇化率为基础数据，对各省（区、市）2020 年人口城镇化率进行趋势预测，为我国建设用地增量指标配置方案优化提供参考依据，预测结果见表 7-6。

表 7-6　我国各省（区、市）2020 年人口城镇化率预测值

区域	省（区、市）	人口城镇化率（%）	区域	省（区、市）	人口城镇化率（%）
优化调整区	北京	88.45	适度发展区	甘肃	45.14
	上海	90.10		贵州	41.07
	天津	85.70		四川	53.60
	广东	76.37		西藏	26.70
	浙江	72.77		云南	46.63
	江苏	75.97		宁夏	64.68
	福建	66.23			
重点发展区	黑龙江	59.45	内涵挖潜区	安徽	59.46
	湖北	55.34		广西	53.94
	重庆	71.35		海南	60.05
	新疆	49.79		河北	63.61
	吉林	57.97		河南	55.15
	辽宁	68.22		湖南	59.43
	内蒙古	67.07		江西	60.45
	山西	60.71		青海	50.97
	陕西	56.88		山东	61.54

① Lin Li, Yohei S, Haihong Zhu. Simulating spatial urban expansion based on a physical process[J]. Landscape and Urban Planning, 2003 (64):67-76.

7.1.3 自然资源禀赋约束

1）人均可拓展空间

土地资源管理以人类社会发展过程中的土地供求矛盾为研究对象，其目标是协调和控制“人与土地”这一复杂的大系统及其内部子系统的状态，从而实现土地资源的合理利用与保护。对建设用地资源的管理同样必须重视人与土地之间的关系，并时刻关注其发展变化规律。建设用地人均可拓展空间就是从人地关系状态角度反映一个区域未来经济发展中可供利用的建设用地资源丰缺程度的指标。人均可拓展空间越大，说明区域未来可供利用的土地资源禀赋越丰厚，建设用地规模扩张的供给保障能力越强；反之，则说明区域未来可供利用的土地资源禀赋越薄弱，建设用地的供给约束越紧，保障能力越弱。

全国31个省（区、市）2010年的建设用地人均可拓展空间参照第5章的计算结果，具体见表5-6。

2）人均耕地

社会经济发展需求和粮食安全保障是土地资源利用和管理要实现的两个根本目标。土地资源自然供给的有限性和不可替代性决定了两大目标之间相互对立和矛盾的局面，两者之间必然会存在此消彼长的关系。区域社会经济不断发展需要大量的建设用地资源作为支撑，与此同时，往往会伴随着耕地资源的不断减少，进而威胁到区域粮食安全问题。建设用地的合理扩张必须是在保证粮食安全和保护耕地的前提下，科学合理地确定建设用地发展规模。

人均耕地面积作为衡量粮食安全程度的重要指标，指标值的高低大小可以在一定程度上反映未来区域建设用地的发展空间大小，即人均耕地面积越大，未来发展的供地压力越小，发展空间越大；反之，则供地压力越大，发展空间越小。当人均耕地逼近甚至低于0.8亩的国际警戒线时，建设用地规模扩张必然受到严重的制约。

3）水资源禀赋指数

和土地资源一样，水资源也是人类社会进行各项生产和生活活动不可缺少的物质基础。区域经济发展离不开水资源的支撑，人们的日常生活更离不开水资源的供给。人类对土地资源进行的开发利用活动，无论是农业生产还是城镇建设，能否发挥最大效益都会直接受到区域水资源丰缺程度的制约。区域水资源与人口、土地资源的匹配程度越高，则对人类进行土地资源开发利用活动的支撑力度越强；反之，土地资源开发利用效益和人类生活水平的提高都将受到相应的制约。

本书拟构建综合指标水资源禀赋指数来表征区域水资源丰缺程度，该项指标内涵由区域地均水资源量和人均水资源量两个方面构成。为了能够将指标的两方面内涵进行计算，首先需要将全国各省（区、市）的地均水资源量和人均水资源量通过极差标准化法进行无量纲化处理，得到各省（区、市）的地均水资源禀赋指数和人均水资源禀赋指数；然后取两者的算术平均值作为区域水资源禀赋指数。具体可通过以下公式进行计算①：

$$x'_{lj}=\frac{x_{lj}-x_{l\min}}{l_{l\max}-x_{l\min}} \tag{7-7}$$

$$x'_{pj}=\frac{x_{pj}-x_{p\min}}{x_{p\max}-x_{p\min}} \tag{7-8}$$

$$x_j=\frac{1}{2}(x'_{lj}+x'_{pj}) \tag{7-9}$$

式中，x_{lj}、x_{pj} 分别代表第 j 个区域的地均水资源量和人均水资源量；x'_{lj}、x'_{pj} 分别代表第 j 个区域的地均水资源禀赋指数和人均水资源禀赋指数；x_j 代表第 j 个区域的水资源量禀赋指数。计算结果见表 7-7。

表 7-7 我国各省（区、市）水资源禀赋指数

区域	省（区、市）	水资源禀赋指数	区域	省（区、市）	水资源禀赋指数
优化调整区	北京	0.05	适度发展区	甘肃	0.02
	上海	0.23		贵州	0.20
	天津	0.03		四川	0.20
	广东	0.42		西藏	0.65
	浙江	0.50		云南	0.19
	江苏	0.18		宁夏	0.00
	福建	0.50			
重点发展区	黑龙江	0.07	内涵挖潜区	安徽	0.26
	湖北	0.27		广西	0.30
	重庆	0.21		海南	0.51
	新疆	0.06		河北	0.02
	吉林	0.13		河南	0.12
	辽宁	0.15		湖南	0.34
	内蒙古	0.01		江西	0.52
	山西	0.02		青海	0.09
	陕西	0.08		山东	0.08

① 叶宗裕. 关于多指标综合评价中指标正向化和无量纲化方法的选择[J]. 浙江统计，2003(4):24-25.

7.2 建设用地增量配置修正系数计算

7.2.1 指标无量纲化处理

由于所要研究的社会经济现象比较复杂，涉及的统计指标十分广泛，且各项指标的量纲和数量级各不相同，所表征的实际意义、表现形式及对研究目标的作用也不相同，相互之间不具可比性，不能直接进行综合分析。因此，在运用多指标综合评价方法进行研究的过程中，必须首先对指标的原始数据进行无量纲化处理，以消除因指标量纲和数量级不同对评价结果产生的影响。

对指标进行无量纲化处理的方法有很多种，一般可分为直线形、折线形和曲线形无量纲化方法三大类，其中直线形无量纲化方法中的平均值法、极值法、极差法、目标值法等尤为常用。在对比不同方法特点的基础上，遵循简易性原则，并根据本书研究对象的特点，此处拟采用极差法对评价指标的原始数据进行无量纲化处理得到指标的标准化值。具体计算公式[①]为：

正向指标：
$$x'_{ij} = \frac{x'_{ij} - x_{i\min}}{x_{i\max} - x_{i\min}} \tag{7-10}$$

负向指标：
$$x'_{ij} = \frac{x_{i\max} - x'_{ij}}{x_{i\max} - x_{i\min}} \tag{7-11}$$

评价指标是正向还是负向，主要取决于该项指标与研究目标之间的关系。根据本书的研究目标，用于建设用地增量配置方案优化的指标体系中，建设用地贡献率、人口城镇化率、人均可拓展空间、人均耕地和水资源禀赋指数为正向指标，这类指标值越大，建设用地增量配置方案修正系数越高；建设用地集约度增加值则为负向指标，集约度增加值越大，说明可挖潜的存量空间越大，对增量扩张的替代性越强，修正系数则越低。应用上述计算公式对指标原始数据进行无量纲化处理，结果见表 7-8。

① 叶宗裕. 关于多指标综合评价中指标正向化和无量纲化方法的选择[J]. 浙江统计，2003,(4):24-25.

表 7-8　建设用地增量指标配置方案优化指标无量纲化

省(区、市)	社会经济发展需求			资源禀赋供给约束		
	建设用地贡献率(+)	集约度增加值(-)	人口城镇化率(+)	人均耕地(+)	人均可拓展空间(+)	水资源禀赋指数(+)
北京	0.064	0.000	0.950	0.006	0.000	0.070
天津	0.044	0.137	0.853	0.079	0.028	0.044
河北	0.147	0.356	0.319	0.260	0.109	0.033
山西	0.174	0.758	0.380	0.346	0.148	0.023
内蒙古	0.207	0.007	0.493	0.941	0.390	0.021
辽宁	0.138	0.766	0.592	0.279	0.149	0.229
吉林	0.131	0.546	0.460	0.640	0.569	0.205
黑龙江	0.122	0.455	0.494	1.000	1.000	0.104
上海	0.031	0.516	1.000	0.000	0.004	0.359
江苏	0.013	0.087	0.563	0.168	0.057	0.275
浙江	0.065	0.095	0.585	0.085	0.022	0.782
安徽	0.030	0.593	0.305	0.288	0.109	0.406
福建	0.040	0.164	0.516	0.085	0.045	0.768
江西	0.191	0.677	0.316	0.178	0.095	0.800
山东	0.220	0.493	0.405	0.229	0.092	0.117
河南	0.020	0.484	0.237	0.248	0.096	0.180
湖北	0.104	0.373	0.405	0.239	0.109	0.412
湖南	0.092	0.539	0.308	0.159	0.088	0.528
广东	0.000	0.326	0.652	0.055	0.030	0.652
广西	0.216	0.730	0.260	0.273	0.094	0.462
海南	0.073	0.525	0.406	0.247	0.101	0.785
重庆	0.456	0.586	0.455	0.225	0.111	0.324
四川	0.252	0.439	0.262	0.214	0.132	0.312
贵州	0.390	1.000	0.165	0.397	0.133	0.316
云南	0.664	0.695	0.180	0.407	0.135	0.299
西藏	1.000	0.616	0.000	0.367	0.117	1.000
陕西	0.228	0.709	0.345	0.328	0.159	0.128
甘肃	0.366	0.776	0.200	0.574	0.249	0.034
青海	0.149	0.672	0.330	0.289	0.091	0.138
宁夏	0.712	0.740	0.378	0.553	0.211	0.000
新疆	0.343	0.927	0.302	0.603	0.249	0.092

7.2.2 指标权重计算

确定指标权重的方法有很多种，其中常用的包括层次分析法、主成分分析法、特尔菲法、熵权法、标准离差法等。根据各种方法的特点，又可将其分为主观赋权法和客观赋权法两类。主观赋权法主要是利用人们所累积的实践经验从而对各项评价指标的重要程度做出判断，如层次分析法、特尔菲法等，其优点是可以充分考虑分析对象在人类社会中的功能和地位，缺点是判断结果容易受研究者的认知水平等因素的影响，具有较强的主观性；客观赋权法则是在对所收集的原始数据和资料进行整理和分析的基础上，通过某种数学计算来确定各项评价指标的重要性，如熵权法、标准离差法等，其优点是分析结果有较强的数据理论作为依据，不易被人的主观认知所影响，缺点是计算过程往往较复杂，而且纯数学方法的应用不能体现不同研究目标下对各评价指标重视程度的差异，从而导致计算结果可能会偏离指标的实际重要程度。基于以上分析，本书拟将主观赋权法中的层次分析法与客观赋权法中的熵权法相结合，综合确定建设用地增量配置优化指标体系中各项指标的权重值。

1）层次分析法

层次分析法是对指标进行主观赋权的一种方法，它首先将与评价对象有关的因素分解成目标、准则、指标等层次，然后基于此进行定性和定量相结合的分析决策。本书拟采用层次分析法中的特征向量法来确定指标权重，计算过程大致可分为以下几个步骤①：

第一，建立递阶层次结构模型。

依据前文确立的研究目标，首先把研究对象条理化，梳理清晰研究对象的层次，进而构造出一个由上至下依次为顶层（目标层）、中间层（准则层）、底层（指标层）三个层次的递阶结构模型。

此处建立量化模型的目的是为基于资源配置效率对我国建设用地增量指标初始配置方案进行优化提供依据和参考，故将递阶层次结构模型的目标层设定为建设用地增量配置优化。目标层的下一层为准则层，主要从影响我国建设用地规模变化的供给和需求两方面因素进行分析，兼顾不同地区社会经济发展引起的用地需求和自然资源禀赋决定的供给约束。层次结构的底层为指标层，主要是按照建设用地规模变化的影响因素、作用机理等对准则层进行细化，分别从社会经济发展和自然资源禀赋选取六项指标参与分析，以遵循建设用地增量指标分配过程中供

① 邓雪，李家铭，曾浩健，等．层次分析法权重计算方法分析及其应用研究[J]．数学的实践与认识，2012，42(7)：93-100．

需平衡原则，从而缓解我国以往在用地配置中因重视需求忽视供给约束造成的空间不均衡态势。

第二，构造判断矩阵。

层次结构模型中的所有评价因素相对其上一层次目标的重要性都可能有所不同，在研究者心里，它们各自占有一定的比重。所谓判断矩阵，就是对各评价因素相对其上一层次的重要程度两两成组逐一做出判断，并用数字1～9及其倒数分别表征各组因素间重要性的差别（表7-9），通过矩阵 $\mathbf{A}=(a_{ij})_{n\times n}$ 的方式将判断结果描述出来。

表7-9　判断矩阵数值含义

数字	含　义
1	两个因素比较，同等重要
3	两个因素比较，前者比后者稍微重要
5	两个因素比较，前者比后者明显重要
7	两个因素比较，前者比后者强烈重要
9	两个因素比较，前者比后者极端重要
2,4,6,8	表示上述相邻判断的中间值
倒数	若因素 i 与因素 j 重要性之比为 a_{ij}，则因素 j 与因素 i 重要性之比 $a_{ji}=1/a_{ij}$

为了构造本部分的判断矩阵，作者对4个专家进行了咨询，根据作者和专家的经验，结合本书的研究目的，构建了评价指标体系的判断矩阵（表7-10）。

表7-10　建设用地增量配置优化指标体系的判断矩阵

	建设用地贡献率	集约度增加值	人口城镇化率	人均耕地	人均可拓展空间	水资源禀赋指数
建设用地贡献率	1	1	1/4	1/2	2	1/3
集约度增加值	1	1	1/4	1/2	2	1/3
人口城镇化率	4	4	1	2	3	1
人均耕地	2	2	1/2	1	2	1/2
人均可拓展空间	1/2	1/2	1/3	1/2	1	1/5
水资源禀赋指数	3	3	1	2	5	1

第三，层次单排序及其一致性检验。

层次单排序就是把判断矩阵中某一层次所有要素针对上层次的重要性排出顺序，以相对数值大小来表示，然后通过一致性检验来判断前文所构建的判断矩阵是否要修正。一致性检验的具体方法为：

① 计算衡量一个判断矩阵不一致程度的指标 CI。

$$CI = \frac{\lambda_{\max} - n}{n - 1} \tag{7-12}$$

式中，$\lambda_{\max}$ 为判断矩阵的最大特征值。CI 的值越小，判断矩阵的一致性程度越高；反之，则越低。对于本书的判断矩阵，$\lambda_{\max} = 6.1040$，$CI = 0.0208$。

② 查找一致性指标 RI。RI 称为平均随机一致性指标，其数值只与矩阵阶数有关。根据表 7-11 可知[①]，RI=1.24。

表 7-11　平均随机一致性指标

n	1	2	3	4	5	6	7	8	9	10	11
RI	0	0	0.58	0.90	1.12	1.24	1.32	1.41	1.45	1.49	1.51

③ 计算一致性比例 CR。

$$CR = \frac{CI}{RI} \tag{7-13}$$

经计算可得 CR=0.0168＜0.1，据此可以判断本书判断矩阵的一致性较高，不一致程度是可接受的，认为可用判断矩阵的特征向量代替权重向量。

第四，层次总排序及其一致性检验。

要获得评价指标体系中各评价因素，尤其是底层的各项指标对目标层的权重值，还需要对层次总排序进行一致性检验，从而计算得到各项评价指标对目标层的综合权重 ω_{1i}，结果见表 7-12。

表 7-12　层次分析法计算的评价指标权重

指标	建设用地贡献率	集约度增加值	人口城镇化率	人均耕地	人均可拓展空间	水资源禀赋指数
权重	0.169	0.169	0.054	0.150	0.379	0.078
重要性排序	2	2	6	4	1	5

2）熵权法

熵权法是对指标进行客观赋权的一种方法，它主要通过指标熵值的计算来构造权重，因此其决策的精确度与可靠度明显优于主观赋权法。运用熵权法确定指

① 汪应洛. 系统工程[M]. 2 版. 北京：机械工业出版社，2003：130-140.

标权重主要有以下步骤[①][②]：

第一，形成原始数据矩阵。设有 m 个评价指标、n 个评价对象，则形成的原始数据矩阵为：

$$\boldsymbol{X}=\begin{bmatrix} x_{11}, x_{12}, \cdots, x_{1n} \\ x_{21}, x_{22}, \cdots, x_{2n} \\ x_{m1}, x_{m2}, \cdots, x_{mn} \end{bmatrix} \tag{7-14}$$

第二，计算各评价指标的熵值。第 i 个指标的熵值可用下面的公式进行计算：

$$H_i=-k\sum_{j=1}^{n} f_{ij}\ln f_{ij} \quad i=1,2,\cdots,m \tag{7-15}$$

式中，k 为待定常数，在数值上 $k=\dfrac{1}{\ln n}$；$f_{ij}=\dfrac{x_{ij}}{\sum_{j=1}^{n} x_{ij}}$，当 $f_{ij}=0$ 时，令 $f_{ij}\ln f_{ij}=0$。

第三，确定各评价指标的权重。计算出第 i 个指标的熵值之后，可通过公式(7-16)来确定第 i 个指标的权重：

$$\omega_{2i}=\frac{g_i}{\sum_{i=1}^{n} g_i} \qquad i=1,2,\cdots,m \tag{7-16}$$

式中，g_i 为第 i 个指标的差异性系数，在数值上 $g_i=1-H_i$。指标的差异性系数反映了各指标在各个年份之间的差异性大小。数据差异性越大，则 g_i 越大，该指标的权重就越大；当出现某项指标各年份的数据完全相等时，差异性系数取最小值0。由此方法得到的各评价指标的权重结果见表 7-13。

表 7-13　熵权法计算的评价指标权重

指标	建设用地贡献率	集约度增加值	人口城镇化率	人均耕地	人均可拓展空间	水资源禀赋指数
权重	0.229	0.138	0.068	0.137	0.237	0.191
重要性排序	2	4	6	5	1	3

① 邹志红，孙靖南，任广平．模糊评价因子的熵权法赋权及其在水质评价中的应用[J]．环境科学学报，2005，25(4)：552-556.

② 孔伟，张飞，陈传明．扬州市土地资源及其可持续利用综合评价研究[J]．资源与产业，2007，9(2)：32-36.

综合对比主观和客观赋权法的优缺点，本书把层次分析法和熵权法的权重计算结果进行组合，得到各指标的组合权重 ω_i。组合权重应该尽可能接近 ω_{1i} 和 ω_{2i}，因此根据最小信息熵原理采用以下公式计算指标组合权重，结果见表 7-14。

$$\omega_i = \frac{\omega_{1i}\omega_{2i}}{\sum_{i=1}^{n}\sqrt{\omega_{1i}\omega_{2i}}} \tag{7-17}$$

式中，ω_{1i}，ω_{2i}分别为层次分析法和熵权法确定的指标权利。

表 7-14 建设用地增量配置优化指标权重

指标	建设用地贡献率	集约度增加值	人口城镇化率	人均耕地	人均可拓展空间	水资源禀赋指数
权重	0.202	0.157	0.062	0.147	0.307	0.125
重要性排序	2	3	6	4	1	5

7.2.3 建设用地增量指标配置修正系数

在指标无量纲化处理和权重计算的基础上，本书采用广泛应用的加权法计算我国各省(区、市)基于资源配置综合效率的建设用地增量配置修正系数，计算公式如下：

$$V_j = \sum_{i=1}^{n} x'_{ij}\omega_i \tag{7-18}$$

式中，V_j 为第 j 个区域的修正系数；x'_{ij} 为第 j 个区域第 i 项指标无量纲化值；ω_i 为第 i 项指标的权重值；n 为评价指标个数。由此计算得到全国各省(区、市)建设用地增量配置修正系数，见表 7-15。

表 7-15 我国各省(区、市)建设用地增量指标配置修正结果

区域	省(区、市)	修正系数	修正结果(万 hm^2)
优化调整区	上海	0.19	1.45
	北京	0.12	0.90
	天津	0.17	0.87
	广东	0.19	8.49
	江苏	0.15	3.64
	浙江	0.19	3.78
	福建	0.18	2.33
	合计	——	**21.46**

续表

区域	省(区、市)	修正系数	修正结果(万 hm^2)
重点发展区	内蒙古	0.41	6.06
	陕西	0.32	3.48
	山西	0.30	3.07
	新疆	0.45	5.46
	湖北	0.32	4.35
	重庆	0.37	3.18
	黑龙江	0.52	15.02
	吉林	0.47	7.77
	辽宁	0.32	5.66
	合计	——	**54.05**
适度发展区	云南	0.44	7.49
	贵州	0.40	3.70
	四川	0.32	3.73
	甘肃	0.46	3.86
	宁夏	0.48	1.18
	西藏	0.55	6.57
	合计	——	**26.53**
内涵挖潜区	河南	0.18	2.62
	河北	0.20	3.43
	山东	0.18	5.15
	安徽	0.25	1.88
	湖南	0.25	3.60
	江西	0.27	4.24
	海南	0.24	0.82
	广西	0.26	2.41
	青海	0.27	0.90
	合计	——	**25.05**

7.3 基于效率指标修正的建设用地增量指标配置方案优化

7.3.1 建设用地增量指标初始配置方案修正

以本书第 6 章测算得到的 2020 年全国建设用地增量总规模为控制值，以修正后各地区的建设用地增量规模占全国的比重作为分配权重，运用以下计算公式对我国建设用地增量指标初始分配方案进行修正，得到我国建设用地增量指标优化配置方案，计算公式为：

$$S_j'' = S \times \frac{S_j' V_j}{\sum_{j=1}^{m} S_j' V_j} \tag{7-19}$$

式中，S_j'' 为第 j 个区域的建设用地增量指标优化配置结果；S_j' 为第 j 个区域的建设用地增量指标初始分配规模；V_j 为第 j 个区域的修正系数；S 为全国建设用地增量总规模；m 为区域个数。计算结果见表 7-15。

7.3.2 建设用地增量指标配置优化结果分析

为了能够更有针对性地对我国建设用地增量指标区域优化配置结果进行分析，文章此处将修正后的配置方案与初始分配方案进行了比较，具体结果见表 7-16。由表中数据可以看出，引入资源配置效率指标进行修正后，各省（区、市）的建设用地增量指标规模相较于初始分配结果都有了一定的增减变化，且整体呈现出同一类型区域内变化趋势趋同、不同类型区域间变化趋势相异的特征。

具体来看，优化调整区的建设用地增量指标规模为 21.461 万 hm^2，比初始分配方案的 35.59 万 hm^2 减少了 39.70%，区域内各省（市）建设用地增量指标规模均有不同程度的减少，这与其所处的发展阶段特征是相符的。区域内各省（市）已进入工业化中后期阶段，工业化、城镇化进程对土地要素依赖性已开始减弱，经济增长动力从要素驱动、资本驱动正逐步向以创新驱动为主转变，较高的发展水平为其通过产业结构优化升级带动供地结构优化提供了资本保障。同时，经过工业化初期和中期阶段的用地外延式扩张模式后，区域内各省（市）的土地开发强度均较高，已逼近国际公认的 0.3 的警戒线，人地关系亦十分紧张，人均耕地和人均建设用地可拓展空间均十分有限，粮食安全和生态安全的压力巨大，因此优化后优化调整区建设用地增量指标规模有较大幅度的缩减。

表 7-16 我国建设用地增量指标优化配置与初始分配对比

区域	省(区、市)	初始分配(万 hm^2)	优化配置(万 hm^2)	修正比例(%)
优化调整区	上海	2.29	1.45	−36.68
	北京	2.20	0.90	−59.09
	天津	1.48	0.87	−41.21
	广东	12.90	8.49	−34.19
	江苏	6.94	3.64	−47.55
	浙江	5.93	3.78	−36.26
	福建	3.85	2.33	−39.48
	合计	**35.59**	**21.46**	**−39.70**
重点发展区	内蒙古	4.33	6.06	39.95
	陕西	3.19	3.48	9.09
	山西	2.96	3.07	3.72
	新疆	3.56	5.46	53.37
	湖北	3.98	4.35	9.230
	重庆	2.50	3.18	27.2
	黑龙江	8.51	15.02	76.50
	吉林	4.80	7.77	61.88
	辽宁	5.19	5.66	9.06
	合计	**39.02**	**54.05**	**38.52**
适度发展区	云南	4.94	7.49	51.62
	贵州	2.74	3.70	35.04
	四川	3.46	3.73	7.80
	甘肃	2.47	3.86	56.28
	宁夏	0.73	1.18	61.64
	西藏	3.52	6.57	86.65
	合计	**17.86**	**26.53**	**48.54**

续表

区域	省(区、市)	初始分配(万 hm^2)	优化配置(万 hm^2)	修正比例(%)
内涵挖潜区	河南	4.22	2.62	−37.91
	河北	5.12	3.43	−33.01
	山东	8.21	5.15	−37.27
	安徽	2.23	1.88	−15.70
	湖南	4.18	3.60	−13.88
	江西	4.56	4.24	−7.02
	海南	0.98	0.82	−16.33
	广西	2.68	2.41	−10.07
	青海	0.97	0.90	−7.22
	合计	**33.15**	**25.05**	**−24.43**

重点发展区的建设用地增量指标规模为 54.05 万 hm^2,比初始分配方案的 39.02 万 hm^2 增加了 38.52%,区域内各省(区、市)的建设用地增量指标规模均有不同程度的增加,其中黑龙江、吉林、新疆等省(区)的增加比例甚至超过了 50%。这一方面反映出其所处发展阶段的特征,重点发展区内的各省(区、市)正处于工业化中期阶段,工业化、城镇化进程的快速推进对土地要素呈现出较强的依赖性。另一方面,该区域的自然资源条件十分丰厚,较高的人均耕地和人均建设用地可拓展空间使得其粮食安全和生态保护的压力较小,从而为未来的快速社会经济发展提供了较好的土地资源供给保障,因此修正后的重点发展区建设用地增量指标规模较修正前有所增加。

适度发展区的建设用地增量指标规模为 26.53 万 hm^2,比初始分配方案的 17.86 万 hm^2 增加了 48.54%,除四川省外,区域内各省(区)的建设用地增量指标规模均有很大幅度的增加,这主要是由其所处特殊发展阶段的特征所决定的。适度发展区内的各省(区)基本都处于工业化初期阶段,经济增长对建设用地资源的依赖性十分显著,土地资源是其社会经济发展过程中需求紧迫性最高的要素投入,要保证其社会经济的平稳快速发展,就必须允许其在未来一段时期内维持适度的建设用地规模扩张趋势,以满足其特定发展阶段作为代价性损失的建设用地需求。同时,该区域内各省(区)普遍较高的人均耕地和人均建设用地可拓展空间也为其建设用地规模扩张提供了可能,因此修正后的适度发展区建设用地增量指标规模较修正前有很大幅度的增加。

内涵挖潜区的建设用地增量指标规模为 25.05 万 hm^2，比初始分配方案的 33.15 万 hm^2 减少了 24.43%，区域内各省（区）的建设用地增量指标规模均有不同程度的减少，这主要是由其资源供给能力十分有限所决定的。内涵挖潜区内的各省（区）在经历过工业化初期阶段较为粗放的经济增长方式和土地利用方式之后，已经逼近了土地资源供给的边界，经济快速增长的强劲用地需求与日益匮乏的自然资源禀赋，尤其是十分薄弱的土地资源保障能力之间的冲突已十分尖锐，未来工业化、城镇化进程中建设用地规模的扩张趋势受到了严重的制约，必须转变经济增长方式，建设用地的利用和管理方式也由外延扩张为主向内涵挖潜为主转变，因此修正后的内涵挖潜区建设用地增量指标规模较修正前有所缩减。

由以上分析可以看出，经过资源配置效率因素修正的建设用地增量指标区域配置方案的差异性与各区域自身的发展阶段特征和资源供给保障能力的差异性是基本相符的。总体来看，不同类型区域间呈现出不同的变化趋势，同一类型区域内的不同省（区、市）间呈现出基本相同的增减变化趋势。其中，适度发展区的增加比例最高，重点发展区次之，内涵挖潜区有所减少，经济发展水平最高的优化调整区减少比例则最高，这种差异性也基本符合目前许多专家学者提出的要实现建设用地总量控制目标需要首先实现建设用地增量指标减量化配置的观点。

7.4 区域差别化的建设用地管控政策建议

要实现建设用地增量指标的区域优化配置方案，必须针对各类管控区域的社会经济发展及资源禀赋条件的具体特点，有针对性地从供地计划、门槛约束、存量挖潜等方面制定差别化的管控策略，为优化配置方案的实施提供建设用地利用和管理政策方面的保障。

7.4.1 优化调整区

本区域社会经济发展水平高，已经普遍进入工业化后期阶段，经济和产业转型升级要求高；建设用地集约度已达到较高水平，并已进入减速增长、逐步趋于平稳的阶段，未来建设用地集约利用水平的提升空间相对较小，资本对土地替代的边际净效益较低；区域土地开发强度较高，建设用地总量约束大。社会经济快速发展的建设用地需求旺盛，建设用地供需矛盾十分尖锐，普遍存在资源环境瓶颈突出的问题。

调结构、转方式、重视生态保护和资源环境承载力已经成为该区域未来社会经济发展的新方向，土地利用方式和土地供应结构也需要相应转变以适应经济发展。紧抓国家供给侧改革的政策契机推进区域产业转型升级，带动土地供应结构优化调整，进一步提高技术创新等对土地要素的替代效应，提高土地利用效率，实现资源配置的帕累托改进。建设用地供应计划向战略性新兴产业倾斜，通过技术效应、结构效应等的积极作用，提高建设用地投入产出强度，保证新增建设用地集约高效利用。重视发挥建设用地配置中市场机制的作用，营建市场与政府“两手紧握”的局面，有效提高土地资源配置效率；同时市场配置也有利于提升建设用地占用成本，从而倒逼新增建设用地的减量供应，引导低效用地的逐步退出。

实施建设用地减量化供应策略，适度减少年度新增建设用地供应量，倒逼土地利用方式从粗放型向集约型转变。要加大对存量建设用地的挖潜力度，结合产业结构升级重点开展旧城镇、旧村庄、旧厂房用地（下称“三旧”用地）的二次开发，盘活土地存量，提高建设用地投入产出水平；适度开展城乡建设用地置换，逐步建立并完善农村居民点用地有偿退出机制，在有效控制城乡用地总规模的前提下提高城乡建设用地配置效率；同时加强地下空间的利用，促进土地利用空间从广度向深度拓展，推进建设用地立体开发，充分挖掘存量建设用地潜力，全面打开发展空间。

7.4.2 重点发展区

本区域社会经济发展水平较高，发展速度很快，建设用地集约利用水平较高，且正处于加速上升的阶段，与优化调整区相比，本区域未来土地集约利用水平仍有较大的提升空间，且较高的经济发展水平为其建设用地集约度提升提供了资金保证。人均建设用地可拓展空间大，资源禀赋较丰厚，为新型城镇化、工业化进程的推进提供了较好的用地供给保障。该区域是未来重点发展的区域，城镇化、工业化进程的大力推进需要大量非农土地支撑。

本区域未来城镇化和工业化发展对建设用地的需求压力应主要通过强化建设用地供应门槛约束与适度增加新增建设用地指标来缓解。在不突破建设用地总量约束的前提下，可以适度增加年度新增建设用地计划，以满足其承接优化调整区产业转移的用地需求，合理扩张建设用地总规模。考虑到该区域短期内建设用地集约度提升的预期，进一步提高其建设用地供应门槛，逐步编制和完善各类建设用地供应标准，对于建设用地投资强度、产出强度、容积率、建筑密度等指标制定准入门槛，从土地供应环节就开始严格按照集约利用的高标准执行，以保证建设用地投入产出的高效率。适度开展“三旧”用地改造及城乡建设用地置换，挖掘存量建设用地潜力，促使建设用地集约利用度增量拐点尽早实现。

同时，加快土地市场体系的建立和完善，提高建设用地的市场化配置程度，有效促进建设用地的集约利用。在努力提高“招拍挂”等市场方式供应土地比例的同时，尽快解决“招拍挂”制度中存在的缺陷，通过更加科学合理的出让模式提升市场机制在建设用地资源配置中的效率，促进建设用地集约利用。

7.4.3 适度发展区

本区域处于工业化初级阶段，社会经济发展水平普遍较低，建设用地集约利用水平也较低，未来集约利用水平有较大的提升空间；土地开发强度不高，人均建设用地可拓展空间较大，建设用地总量约束不强，丰厚的资源禀赋为经济增长提供了较好的用地保障。资本对土地替代的边际净效益显著，但本区域经济发展所处阶段决定的资金相对短缺也是遏制区域发展的难题之一，应在保证经济平稳增长的前提下，加强建设用地利用效益的提升。

本区域应注重提升建设用地集约利用水平，适度增加新增建设用地指标供给，以保证经济增长目标的顺利实现。重点推进城乡建设用地置换，探索建立农村建设用地有序退出的长效机制，深度挖潜存量用地空间；加大交通、能源及水利等基础设施建设投入力度，为区域经济增长及承接东部地区产业转移等创造良好的用地环境；积极探索合理的新增建设用地供应门槛和科学的供地结构，结合区域发展定位，支持资金密集型、劳动密集型等产业发展用地，重视地区主导产业的培育和发展，积极引导产业集群发展和用地集中布局，以提高新增建设用地的利用效率。

在严格控制建设用地总量和新增建设用地供应门槛约束的前提下，应适当给予本区域新增建设用地指标的倾斜，满足其在特定发展阶段下作为代价性损失的城镇化、工业化快速推进的用地需求，以保障区域经济平稳发展。

7.4.4 内涵挖潜区

本区域社会经济发展水平不高，建设用地利用集约度处于加速上升的阶段，未来有较大的提升空间；而资源禀赋条件则较薄弱，人均建设用地可拓展空间较小，建设用地总量约束大，区域社会经济发展的用地瓶颈亟须破解。本区域处于城镇化、工业化快速发展阶段，迫切需要通过经济增长方式转变带动土地利用方式由粗放型向集约型转变，以增强经济发展中的土地资源支撑能力。

本区域经济快速增长中用地矛盾的缓解应以存量建设用地挖潜为主，同时严格控制建设用地总量，提高新增建设用地供应门槛。研究区域土地开发强度的合理约束，适度减少年度新增建设用地供应量，以此倒逼土地利用方式由粗放型、数量型向集约型、效率型转变。提高新增建设用地供应门槛，提升建设用地投入产出效益，促使建设用地集约利用水平加速增长。

深度挖掘城乡存量建设用地潜力，重点对城市快速扩张过程中形成的“三旧”用地进行改造再利用，加大对城镇闲置土地、空闲土地、低效用地等的清查与整合力度，加快建立和完善盘活存量建设用地的激励机制，加大存量建设用地盘活力度，提高土地利用效益。加快推进城乡建设用地置换，推动农村建设用地整治，通过“空心村”改造等促进村庄内部土地充分合理利用，有效遏制村庄用地向外无序蔓延，大力提升农村建设用地集约利用水平。同时，通过对农村各类低效用地进行整理复垦，间接“破解”土地资源的位置不可移动性，将其转化为可流动的建设用地指标和耕地占补平衡指标，为城镇建设发展拓展用地空间，为存量建设用地的布局调整和结构优化提供可能，推动农村建设用地减少与城镇建设用地增加挂钩，使建设用地总量保持平衡。

7.5 本章小结

本章首先在第 3 章关于资源配置效率内涵界定的基础上，从社会经济发展阶段特征和自然资源禀赋约束两方面分别选取相应指标构建综合评价模型，计算我国各省(区、市)建设用地增量指标配置的修正系数值。然后以第 6 章测算的 2020 年全国建设用地增量总规模为控制值，对我国建设用地增量初始分配方案进行优化，结果显示：(1)建设用地增量指标区域优化配置规模相较于初始分配结果有所变化，全国 31 个省(区、市)整体上呈现出同一类区域内变化趋同、不同类区域间变化相异的特征，其中优化调整区有较大幅度的缩减，重点发展区有一定的增加，适度发展区有很大幅度的增加，内涵挖潜区则有一定的缩减。(2)经过资源配置效率因素修正的建设用地增量指标区域配置方案的差异性与各区域自身的发展阶段特征和资源供给保障能力的差异性是基本相符的，其中适度发展区的增加比例最高，重点发展区次之，内涵挖潜区有所减少，经济发展水平最高的优化调整区减少比例最高，不同类型区域之间的这种差异性也基本符合目前许多专家学者提出的要实现建设用地总量控制目标需要首先实现建设用地增量指标减量化配置的观点。(3)要实现建设用地增量指标的区域优化配置方案，必须采取相应的建设用地利用和管理政策保障。优化调整区应结合区域发展战略推进产业结构转型升级，带动土地供应结构优化，实现资源配置的帕累托改进，进一步提高资本对土地的替代效应；重点发展区建设用地的需求压力应主要通过强化建设用地供应门槛约束与适度增加新增建设用地指标来缓解；适度发展区应在提升建设用地集约利用水平的同时，适当给予新增建设用地指标的倾斜，以满足作为代价性损失的城镇化、工业化快速推进的用地需求，保证经济增长目标的实现；内涵挖潜区应严格控制建设用地总量，减少新增建设用地供应量，倒逼土地利用方式转变，加强存量建设用地挖潜，提高新增建设用地供应门槛。

8 结论与展望

8.1 主要研究结论

1）我国建设用地增量指标配置整体基本均衡，但各省（区、市）之间状态差异较大，部分省（区、市）处于失衡状态。这与我国建设用地指标分配过程中对由资源禀赋决定的用地供给保障能力差异考虑不足有很大关联。我国今后的建设用地区域配置应兼顾经济发展需求与供给能力之间的匹配，基于不同地区间社会经济发展及自然资源禀赋的差异性划分建设用地管控区域；然后在分区的基础上构建数学模型完成耦合经济发展需求和资源禀赋供给的建设用地增量指标区域分配。

建设用地规模变化主要受经济增长、社会发展、资源禀赋等因素的影响，其中经济增长和社会进步导致建设用地需求不断增长，而自然资源禀赋则构成建设用地资源供给的硬约束。基于此，构建模型对我国建设用地增量配置的空间均衡度进行定量评价，结果显示我国建设用地增量指标配置整体基本均衡，但各省（区、市）之间状态差异较大，部分省（区、市）处于失衡状态。这与我国建设用地指标分配过程中对由资源禀赋决定的用地供给保障能力差异考虑不足有很大关联。因此，在我国以后的土地利用规划中对建设用地指标进行区域配置时，应兼顾经济发展需求与供给能力约束两方面因素，尊重区域发展阶段特征的差异，注重生态环境的保护与建设，才能促进区域协调发展目标得以实现。我国建设用地增量指标的区域优化配置路径为：首先，基于不同地区间社会经济发展及自然资源禀赋的差异性划分建设用地管控区域，为建设用地指标配置提供分区参考；然后，选取总量指标构建耦合经济发展需求与资源禀赋供给的数学模型，完成我国建设用地增量指标在区域间的初始分配；最后，选取能够反映经济发展阶段特征和资源供给保障能力的资源配置效率指标，构建量化模型对初始分配方案进行优化，最终实现我国建设用地增量指标的区域优化配置。

2）在我国现有区域管控分区体系梳理的基础上，指出其在促进区域协调发展、资源合理利用方面虽取得了一定的成效，但其针对建设用地的区域差别化管控和优化配置都存在一定的局限，提出需要构建以促进区域协调发展为目标的建设用地管控分区体系，并将全国划分为优化调整区、重点发展区、适度发展区和内涵挖潜区四类管控区域，为建设用地增量指标区域优化配置提供了分区基础。

我国现有的区域管控分区体系主要包括主体功能区划、四大板块、土地利用综合分区、行政区划等，它们在促进区域协调发展和资源合理开发利用方面起到了一定的积极促进作用，但对于建设用地的区域配置和管控都存在不同程度的局限性。因此提出需要根据区域经济发展阶段和资源禀赋条件的异同，构建以促进区域协调发展为目标的建设用地管控分区体系，为我国建设用地增量指标的区域优化配置提供分区依据。然后，本书基于省际面板数据建立了计量经济模型对我国经济发展和资源禀赋的区域分异特征进行分析，结果发现随着经济发展水平的不断提高，建设用地的扩张规模和集约度增加值都符合库兹涅茨曲线规律。在此基础上，本书将全国 31 个省(区、市)划分为 4 类建设用地管控区域，其中优化调整区包括上海、北京、天津、广东、江苏、浙江、福建，重点发展区包括内蒙古、陕西、山西、新疆、重庆、湖北、黑龙江、吉林、辽宁，适度发展区包括云南、贵州、四川、甘肃、宁夏、西藏，内涵挖潜区包括河南、河北、山东、安徽、湖南、江西、海南、广西、青海。省(区、市)级层面以下可以根据需要应用同样的方法，以地市级为分区单元进行管控区域的进一步细分，从而构成多层次的建设用地管控分区体系。区域协调发展的建设用地管控分区体系为我国建设用地增量指标的区域优化配置提供了分区基础。

3) 在区域协调发展的建设用地管控分区的基础上，本书构建了基于相对资源承载力的线性规划模型，耦合社会经济发展需求和自然资源禀赋约束完成了我国建设用地增量指标在不同区域间的初始分配。

以全国 31 个省(区、市)2000—2010 年的数据为基础，本书借鉴柯布-道格拉斯生产函数原理构建面板数据模型，运行计量经济软件计算得到 2011—2020 年全国建设用地增量指标总规模为 135.40 万 hm^2。以此增量规模为控制值，在系统控制论、区域协调发展、资源稀缺性等理论的指导下，从社会经济发展需求和资源禀赋约束两方面选取指标基于相对资源承载力构建线性规划模型，对我国建设用地增量指标在不同区域间进行初始分配；并将分配结果与仅考虑发展需求的分配结果进行对比分析，发现耦合经济发展需求和资源禀赋约束两方面因素的建设用地增量指标分配方案更符合不同区域自然资源禀赋条件的约束，更尊重区域生态环境保护的要求，能真正兼顾经济发展和生态保护两大目标的实现。

4) 在建设用地增量指标初始分配的基础上，选取能够反映社会经济发展阶段特征和资源供给保障能力的资源配置效率指标构建综合评价模型，计算各省(区、市)建设用地增量指标配置的修正系数，对初始分配方案进行修正，实现我国建设用地增量指标的区域优化配置。

基于第3章界定的资源配置效率的概念内涵，本书分别选取能够充分表征社会经济发展阶段特征和资源供给保障能力的效率指标构建综合评价模型，计算我国各省（区、市）建设用地增量指标配置的综合修正系数值；然后以全国建设用地增量总规模135.40万hm^2为控制值，对我国建设用地增量初始分配方案进行优化，结果显示，建设用地增量指标区域优化配置规模相较于初始分配结果有所变化，全国31个省（区、市）整体上呈现出同一类区域内变化趋同、不同类区域间变化相异的特征，其中优化调整区有较大幅度的缩减，重点发展区有一定的增加，适度发展区有很大幅度的增加，内涵挖潜区则有一定的缩减。经过资源配置效率因素修正的建设用地增量指标区域配置方案的差异性与各区域自身的发展阶段特征和资源供给保障能力的差异性是基本相符的，其中适度发展区的增加比例最高，重点发展区次之，内涵挖潜区有所减少，经济发展水平最高的优化调整区减少比例最高，不同类型区域之间的差异格局也基本符合目前许多专家学者提出的要实现建设用地总量控制目标需要首先实现建设用地增量指标减量化配置的观点。

5）要实现建设用地增量指标的区域优化配置方案，必须采取相应的建设用地利用和管理政策保障。优化调整区应结合区域发展战略推进产业结构转型升级，带动土地供应结构优化，实现资源配置的帕累托改进，进一步提高资本对土地的替代效应；重点发展区建设用地的需求压力应主要通过强化建设用地供应门槛约束与适度增加新增建设用地指标来缓解；适度发展区应在提升建设用地集约利用水平的同时，适当给予新增建设用地指标的倾斜，以满足作为代价性损失的城镇化、工业化快速推进的用地需求，保证经济增长目标的实现；内涵挖潜区应严格控制建设用地总量，减少新增建设用地供应量，倒逼土地利用方式转变，加强存量建设用地挖潜，提高新增建设用地供应门槛。

8.2 可能的创新之处

1）研究视角

从建设用地利用与经济发展互动关系的阶段性特征分析入手，结合资源禀赋的区域分异划分建设用地管控分区，为指标区域优化配置提供了科学的分区基础。

2）研究内容

构建了建设用地增量指标区域优化配置的分析框架。以科学的分区为前提，在供求理论指导下，构建了基于相对资源承载力的数学模型对建设用地增量指标进行初始分配；然后基于效率指标对分配方案进行修正，完成建设用地增量指标的区域优化配置。研究结果有利于优化我国建设用地空间配置格局，提升建设用地区域配置综合效率，为土地政策参与宏观调控提供可操作的规划管理工具。

3）研究方法

采取空间分析技术与计量经济分析相结合的方法，建立了促进区域协调发展的建设用地管控分区体系。在此基础上，构建耦合经济发展和资源禀赋的建设用地配置模型，并将能够反映发展阶段特征和资源环境状况的建设用地利用效率指标引入到模型中对配置方案进行优化，提高了研究方案的可行性和研究成果的实际应用价值。

8.3 不足与展望

1）数据收集

这是本书研究过程中最大的障碍因素。由于在本书的撰写过程中，全国第二次土地调查及之后的数据成果尚未全面公布，因此，本书的研究时段选取2000—2010年，时效性相对较差。此外，2009年及之后的建设用地数据选用了推算结果，数据的精确性可能会使指标配置结果产生一定的误差，但对研究结论影响不大。在笔者后续的学习和工作中，将尝试应用本书的研究方法采用最新的面板数据重新进行研究，并对研究结果进行比较分析，以期为我国建设用地区域优化配置和规模管控提供可信度更高的参考依据。

2）研究方法

受笔者个人知识水平的限制，本书在对我国建设用地增量指标进行区域分配时，所选用的研究方法无法将理论分析涉及的影响建设用地规模变化的总量指标和效率指标纳入同一个数学模型中，而是采用初始分配和方案优化的两阶段分析法进行了研究。因此，可能会影响研究框架的系统性，进而在一定程度上影响研究结果的准确性。这也是笔者在未来的学习和工作中需要进一步研究克服的关键问题，力求为我国建设用地管理提供更加科学可靠的参考。

参考文献

[1] Angel S, Parent J, Civco D L, et al. The dimensions of global urban expansion: Estimates and projections for all countries, 2000—2005[J]. Progress in Planning, 2011,75(2): 53-107.

[2] Burchfield M, Overman G H, Puga D, et al. Causes of sprawl: A portrait from space [J]. Quarterly Journal of Economics, 2006, 121(2):587-633.

[3] Carrión-Flores C, Irwin E G. Determinants of Residential Land-Use Conversion and Sprawl at the Rural-Urban Fringe [J]. American Journal of Agricultural Economics, 2004, 86(4): 889-904.

[4] Cooley T F, La Civita C J. A theory of growth controls [J]. Journal of Urban Economics, 1982 (12):129-145.

[5] Ding C, Zhao X. Assessment of urban spatial-growth patterns in China during rapid urbanization [J]. Chinese Economy, 2011, 44(1): 46-71.

[6] Driscoll J C, Kraay A C. Consistent covariance matrix estimation with spatially dependent panel data [J]. Review of Economics and Statistics, 1998 (80): 549-560.

[7] F S Chapin. Urban land use planning [M]. Urbana: University of Illinois Press, 1965.

[8] Fischel W A. The Urbanization of Agriculture Land: A Review of the National Agricultural Lands Study [J]. Land Economics, 1982, 58(2): 236-259.

[9] Knaap G J. The price effects of urban growth boundaries in metropolitan Portland, Oregon[J]. Land Economics, 1985, 61(1): 26-35.

[10] Geurs K T. Job accessibility impacts of intensive and multiple land-use scenarios for the Netherlands' Randstad Area [J]. Journal of Housing and the Built Environment, 2006(21): 51-67.

[11] Geymen A, Baz I. Monitoring urban growth and detecting landcover changes on the Istanbul metropolitan area [J]. Environmental Monitoring and Assessment, 2008,136(13): 449-459.

[12] Jackson, K T. Crabgrass frontier: The suburbanization of the United Sates [M]. New York: Oxford University Press, 1985.

[13] Kettlewell U. Land Use Regulations as a Barrier to Business and Economic Development: Perceived vs. Actual [J]. Appraisal Journal, 1984 (3): 399-410.

[14] Lambin E F, Turner B L, Geist H J, et al. The causes of land-use and land-cover change: moving beyond the myths [J]. Global Environmental Change, 2001, 11(4): 261-269.

[15] Lau S, Giridharan R, Ganesan S. Multiple and intensive land use: Case studies in Hong Kong [J]. Habitat International, 2005, 29(3): 527-546.

[16] Lin Li, Yohei S, Haihong Zhu. Simulating spatial urban expansion based on a physical process[J]. Landscape and Urban Planning, 2003 (64): 67-76.

[17] Marlow V, Krupa K S. Rural residential land use: Tracking its growth[J]. Agricultural Outlook, 2002(8): 14-17.

[18] Mills Edwins S. An aggregative model of resource allocation in a metropolitan area [J]. American Economic Review, 1967, 57(2): 197-210.

[19] Nate C, William E E. Globalization and population drivers of rural-urban land-use change in Chihuahua, Mexico [J]. Land Use Policy, 2009, 26(3): 535-544.

[20] Noriko Okubo. The development of the Japanese legal system for public participation in land use and environmental matters[J]. Land Use Policy, 2016, 52(3): 492-500.

[21] P Norbero. Design and implementation of geographic database for rural planning [J]. Journal of Soil and Water Conservation, 2003 (48): 23-24.

[22] Peterson George E. The influence of zoning regulations on land and housing prices [R]. Washing, D. C.: The Urban Institute, Working Paper NO. 1207-24, 1974: 1-12.

[23] Gude P H, Hansen A J, Rasker R, et al. Rates and drivers of rural residential development in the Greater Yellowstone [J]. Landscape and Urban Planning, 2006, 77(1): 131-151.

[24] Retno Susanti, Sugiono Soetomo, Imam Buchori, et al. Smart Growth, Smart City and Density: In Search of The Appropriate Indicator for Residential Density in Indonesia[J]. Procedia-Social and Behavioral Sciences, 2016, 227(14): 194-201.

[25] Schneider A, Woodcock C E. Compact, dispersed, fragmented, extensive: A comparison of urban growth in twenty-five global cities using remotely sensed data, pattern metrics and census information [J]. Urban Studies, 2008, 45(3): 659-692.

[26] Seto K C, Kaufmann R K. Modeling the Drivers of Urban Land Use Change in the Pearl River Delta, China: Integrating Remote Sensing with Socioeconomic Data [J]. Land Economics, 2003, 79(1): 106-121.

[27] Shao X, Liu Q, Zhang Y. Advances and Expectations of Intensive Land Use Researches [J]. Progress in Geography, 2006, 25(2): 85-95.

[28] Steven J Pricea, Michael E Dorcasa, Alisa L Gallantb, et al. Three decades of urbanization: Estimating the impact of land-cover change on stream salamander populations [J]. Biological Conservation, 2006, 133(4): 436-441.

[29] Taleai M, Sharifi A, Sliuzas R, et al. Evaluating the compatibility of multifunctional and intensive urban land uses [J]. International Journal of Applied Earth Observation and Geoinformation, 2007(9): 375-391.

[30] Yongxian Su, Xiuzhi Chen, Jishan Liao, et al. Modeling the optimal ecological security pattern for guiding the urban constructed land expansions[J]. Urban Forestry & Urban Greening, 2016, 19(1): 35-46.

[31] 保罗·萨缪尔森,威廉·诺德豪斯.经济学[M].16版.北京:华夏出版社,2001.

[32] 北京大学哲学系外国哲学史教研室.古希腊罗马哲学[M].北京:三联书店,1957.

[33] 毕宝德.土地经济学[M].7版.北京:中国人民大学出版社,2016.

[34] 陈诚,陈雯,吕卫国.基于空间开发适宜性分区的城镇建设用地配置——以海安县为例[J].地理科学进展,2009,28(5):775-781.

[35] 陈春,冯长春.中国建设用地变化驱动力研究[M].北京:北京大学出版社,2014.

[36] 陈海燕.转变经济发展方式背景下土地集约利用机理研究[D].南京:南京农业大学,2011.

[37] 陈海燕.面板数据模型的检验方法[M].北京:经济科学出版社,2012.

[38] 陈江龙,曲福田,陈雯.农地非农化效率的空间差异及其对土地利用政策调整的启示[J].管理世界,2004(8):37-42,155.

[39] 陈利根,龙开胜.耕地资源数量与经济发展关系的计量分析[J].中国土地科学,2007, 21(4):4-10.

[40] 陈强. 高级计量经济学及 Stata 应用[M]. 北京：高等教育出版社，2010.
[41] 陈文波，赵丽红，叶明珠，等. 省级基本农田数量确定与指标分解方法初探[J]. 中国土地科学，2006，20(6)：45-51.
[42] 陈雯，孙伟，赵海霞. 区域发展的空间失衡模式与状态评估——以江苏省为例[J]. 地理学报，2010，65(10)：1209-1217.
[43] 陈雯. 空间均衡的经济学分析[M]. 北京：商务印书馆，2008.
[44] 陈曦炜，宋伟. 北京市海淀区农村居民点集约利用评价[J]. 资源科学，2009，31(10)：1772-1778.
[45] 陈逸，黄贤金，陈志刚，等. 中国各省域建设用地开发空间均衡度评价研究[J]. 地理科学，2012，32(12)：1424-1429.
[46] 陈茵茵. 土地资源配置中政府干预与市场机制研究[J]. 中国土地科学，2008，22(3)：20-27.
[47] 陈英姿，景跃军. 吉林省相对资源承载力与可持续发展研究[J]. 人口学刊，2006(1)：41-45.
[48] 陈映. 区域经济发展阶段理论述评[J]. 求索，2005(2)：16-18.
[49] 陈勇，冯永忠，杨改河. 农业非点源污染源的环境库兹涅茨曲线实证研究——基于陕西省农业投入和废弃物排放的研究[J]. 干旱地区农业研究，2010，28(3)：191-198.
[50] 陈昱，陈银蓉，马文博. 湖北省工业用地集约利用综合评价——基于 365 家典型工业企业的问卷调查[J]. 自然资源学报，2013，28(1)：73-80.
[51] 程雪阳. 荷兰的分区规划、土地征收与房地产管理[J]. 行政法学研究，2012(2)：124-130.
[52] 邓雪，李家铭，曾浩健，等. 层次分析法权重计算方法分析及其应用研究[J]. 数学的实践与认识，2012，42(7)：93-100.
[53] 狄剑光，武康平. 建设用地的扩张对我国非农经济增长贡献研究[J]. 数理统计与管理，2013，32(3)：414-424.
[54] 丁建中，金志丰，陈逸. 基于空间开发潜力评价的泰州市建设用地空间配置研究[J]. 中国土地科学，2009，23(5)：30-36.
[55] 董祚继. 中国现代土地利用规划研究[D]. 南京：南京农业大学，2007.
[56] 杜金龙，马才学. 县级土地利用总体规划中净增建设用地指标分解——以湖北省枣阳市为例[J]. 国土资源科技管理，2010，27(2)：98-103.
[57] 杜晓利. 富有生命力的文献研究法[J]. 上海教育科研，2013 (10)：1.
[58] 樊鹏飞，梁流涛，陈常优，等. 城市土地集约利用评价及障碍因子诊断——基于生态健康与低碳发展视角[J]. 水土保持通报，2016，36(4)：273-279.

[59] 冯科,郑娟尔,韦仕川. GIS 和 PSR 框架下城市土地集约利用空间差异的实证研究——以浙江省为例[J]. 经济地理,2007,27(5):811-814.
[60] 高峰,师学义. 建设用地指标配置的需求意愿分析[J]. 中国社会科学院研究生院学报,2011(3):61-66.
[61] 高艳侠. 土地利用总体规划中乡镇新增建设用地指标分解研究[D]. 武汉:华中农业大学,2011.
[62] 顾林生. 国外国土规划的特点和新动向[J]. 世界地理研究,2003,12(1):60-70.
[63] 桂小丹,李慧明. 环境库兹涅茨曲线实证研究进展[J]. 中国人口·资源与环境,2010,20(3):5-8.
[64] 郭珊珊. 鹤峰县土地利用总体规划中新增建设用地指标分解研究[D]. 武汉:湖北大学,2012.
[65] 国家计委,国家土地管理局. 建设用地计划管理办法[S],1996.
[66] 国务院发展研究中心课题组. 主体功能区形成机制和分类管理政策研究[M]. 北京:中国发展出版社,2008.
[67] H James Brown,丁成日. 城市土地管理的国际经验和教训[J]. 国外城市规划,2005,20(1):21-23.
[68] 何芳,吴正训. 国内外城市土地集约利用研究综述与分析[J]. 国土经济,2002,35(3):35-37.
[69] 何良将. 现行建设用地配置模式真的管用吗?——基于浙江省调研的反思[D]. 杭州:浙江大学,2010.
[70] 何萍. 城市土地集约利用与经济发展关系实证研究——以四川省为例[D]. 雅安:四川农业大学,2011.
[71] 何书金,苏光全. 矿区废弃土地复垦潜力评价方法与应用实例[J]. 地理研究,2000,19(2):165-171.
[72] 贺燕,李华. 城市土地集约利用研究[J]. 伊犁师范学院学报,2005(3):107-109.
[73] 贺瑜,刘艳芳,涂美义. 建设用地区域配置的帕累托改进[J]. 国土资源科技管理,2008,25(5):109-112.
[74] 洪建国,杨钢桥,苗欣,等. 增量城镇用地区域配置研究——以湖北省为例[J]. 中国土地科学,2008,22(12):39-45.
[75] 胡银根,蔡国立,廖成泉,等. 基于供需视角的城乡建设用地扩张与配置的驱动力[J]. 经济地理,2016,36(6):161-167.
[76] 黄常锋,何伦志,刘凌. 基于相对资源承载力模型的研究[J]. 经济地理,2010,30(10):1612-1618.
[77] 黄季焜,朱莉芬,邓祥征. 中国建设用地扩张的区域差异及其影响因素[J]. 中

国科学(D辑:地球科学),2007,37(9):1235-1241.
[78] 黄砺,王佑辉,吴艳.中国建设用地扩张的变化路径识别[J].中国人口·资源与环境,2012,22(9):54-60.
[79] 吉新峰.中国区域协调发展战略效应评价:基于区域差距的分析[M].北京:经济管理出版社,2012.
[80] 姜大明.学习贯彻党的十八届五中全会精神 全面节约和高效利用资源[J].国土资源,2015(12):36-38.
[81] 姜海,吕图.浅析建设用地减量化的"三适"原则[J].中国国土资源经济,2016(6):15-17,64.
[82] 姜海,曲福田.不同发展阶段建设用地扩张对经济增长的贡献与响应[J].中国人口·资源与环境,2009,19(1):70-75.
[83] 姜海,王博,李成瑞,等.近十年中国建设用地扩张空间特征——基于与固定资本和二三产业就业人数的比较分析[J].中国土地科学,2013,27(5):63-70.
[84] 姜开宏,陈江龙,陈雯.比较优势理论与区域土地资源配置——以江苏省为例[J].中国农村经济,2014(12):16-21.
[85] 靖学青.中国省际物质资本存量估计:1952—2010[J].广东社会科学,2013(2):46-55.
[86] 孔伟.区域土地利用结构预测及优化研究[D].南京:南京农业大学,2007.
[87] 孔伟,张飞,陈传明.扬州市土地资源及其可持续利用综合评价研究[J].资源与产业,2007,9(2):32-36.
[88] 孔伟,郭杰,欧名豪.不同经济发展水平下的建设用地集约利用及区域差别化管控[J]. 中国人口·资源与环境,2014,24(4):100-106.
[89] 黎孔清,陈银蓉,陈家荣.基于ANP的城市土地低碳集约利用评价模型研究——以南京市为例[J].经济地理,2013,33(2):156-161.
[90] 李昌峰,武清华,张落成.土地集约利用与经济发展的空间差异研究——以长江三角洲地区为例[J].经济地理,2011,31(2):294-299.
[91] 李鸿有.当代美国大都市区分区规划制的实施及影响[D].长春:东北师范大学,2009.
[92] 李会,王利,任启龙,等.东北地区城市用地扩张特征及驱动因子分析[J].地理空间信息,2016,14(4):(2)84-89.
[93] 李进涛,谭术魁,汪文雄.基于DPSIR模型的城市土地集约利用时空差异的实证研究——以湖北省为例[J].中国土地科学,2009,23(3):49-54,65.
[94] 李凌.建设用地管理[M].北京:化学工业出版社,2008.
[95] 李效顺,姜海,曲福田,等.南京市建设用地理性目标计量研究[J].中国土地

科学,2009,23(10):31-35,40.
[96] 李效顺.基于耕地资源损失视角的建设用地增量配置研究[D].南京:南京农业大学,2010.
[97] 李永乐,吴群.经济增长与耕地非农化的 Kuznets 曲线验证——来自中国省际面板数据的证据[J].资源科学,2008,30(5):667-672.
[98] 李兆富,杨桂山.苏州市近 50 年耕地资源变化过程与经济发展关系研究[J].资源科学,2005,27(4):50-55.
[99] 厉以宁.规范分析与实证分析相结合是经济学的一贯原则[J].经济研究参考,1997(A5):6-7.
[100] 廖和平.小城镇建设用地指标配置模式——以重庆市为例[J].中国土地科学,2004,18(1):45-61.
[101] 林坚,陈祁晖,晋璟瑶.土地应该怎么用:城市土地集约利用的内涵与指标评价[J].中国土地科学,2002(11):4-7.
[102] 林坚,张沛,刘诗毅.论建设用地节约集约利用评价的技术体系与思路[J].中国土地科学,2009,23(4):4-10.
[103] 林坚.中国城乡建设用地增长研究[M].北京:商务印书馆,2009.
[104] 吝涛,李新虎,张国钦,等.厦门岛城市空间扩张特征及其影响因素分析[J].地理学报,2010,65(6):715-726.
[105] 刘红梅,孟鹏,马克星,等.经济发达地区建设用地减量化研究——基于"经济新常态下土地利用方式转变与建设用地减量化研讨会"的思考[J].中国土地科学,2015,29(12):11-17.
[106] 刘红萍,张安录.国外城市用地扩张控制研究进展[J].中国土地科学,2008,22(5):72-76.
[107] 刘纪远,刘文超,匡文慧,等.基于主体功能区规划的中国城乡建设用地扩张时空特征遥感分析[J].地理学报,2016,71(3):355-369.
[108] 刘书楷.土地经济学原理[M].北京:中国农业出版社,1998.
[109] 刘志佳,黄河清.珠三角地区建设用地扩张与经济、人口变化之间相互作用的时空演变特征分析[J].资源科学,2015,37(7):1394-1402.
[110] 娄文龙.国外土地利用规划制度比较及其借鉴[J].浙江国土资源,2004(11):54-56.
[111] 陆张维,吴次芳,岳文泽.土地利用总体规划建设用地指标区域动态分配问题研究[J].中国土地科学,2010,24(8):59-65.
[112] 吕光明.我国沿海和内地区域经济发展阶段的比较与评价[D].大连:东北财经大学,2002.

[113] 吕晓，黄贤金. 建设用地扩张的研究进展及展望[J]. 地理与地理信息科学，2013，29(6)：51-58.

[114] 吕晓，黄贤金. 县域建设用地扩张的空间均衡态势分析——以江苏通州为例[J]. 地理与地理信息科学，2015，31(5)：53-59.

[115] 吕玉霞. 土地资源配置的经济效应分析[D]. 济南：山东大学，2016.

[116] 满强. 基于主体功能区划的区域协调发展研究——以辽宁省为例[D]. 长春：东北师范大学，2011.

[117] 聂艳，于婧，于雷. 土地利用规划学实验教程[M]. 武汉：华中师范大学出版社，2014.

[118] 牛文元. 持续发展导论[M]. 北京：科学出版社，1994.

[119] 潘竟虎，郑凤娟，杨东. 甘肃省土地集约利用与经济发展的时空差异分析[J]. 资源科学，2011，33(4)：684-689.

[120] 彭荣胜. 区域经济协调发展的内涵、机制与评价研究[D]. 开封：河南大学，2007.

[121] 乔陆印，周伟，曹银贵，等. 城市土地集约利用评价指标体系研究[J]. 生态经济，2010(6)：31-34.

[122] 乔伟峰，孙在宏. GIS 辅助下的城市土地集约利用潜力评价方法研究——以江苏省苏州市为例[J]. 国土资源科技管理，2004，21(1)：34-37.

[123] 邱道持，廖万林，廖和平. 小城镇建设用地指标配置研究[J]. 西南师范大学学报，2002，27(6)：970-973.

[124] 屈宇宏，孙帅，陈银蓉. 中国城市建设用地扩张趋势模拟及抑制策略[J]. 资源科学，2014，36(1)：1-7.

[125] 渠丽萍，姚书振. 城市土地集约利用的系统分析[J]. 城市开发，2004(16)：64-66.

[126] 曲福田，吴郁玲. 土地市场发育与土地利用集约度的理论与实证研究——以江苏省开发区为例[J]. 自然资源学报，2007，22(3)：445-454.

[127] 曲福田. 可持续发展的理论与政策选择[M]. 北京：中国经济出版社，2000.

[128] 曲福田. 土地行政学[M]. 南京：江苏人民出版社，1997.

[129] 荣松妹，吴九兴. 区域建设用地集约度的空间格局及其演变——以安徽省 11 个地级市为样本[J]. 中国国土资源经济，2016(6)：27-32.

[130] 邵晓梅，王静. 小城镇开发区土地集约利用评价研究——以浙江省慈溪市为例[J]. 地理科学进展，2008，27(1)：75-81.

[131] 石爱华，范钟铭. 从“增量扩张”转向“存量挖潜”的建设用地规模调控[J]. 城市规划，2011，35(8)：88-90，96.

[132] 石雪冬. 益阳市建设用地土地集约利用评价[J]. 地理空间信息，2016，14(8)：87-89.
[133] 舒帮荣，李永乐，曲艺，等. 不同经济发展阶段城镇用地扩张特征及其动力——以太仓市为例[J]. 经济地理，2013，33(7)：155-162.
[134] 宋成舜，熊征，刘懿光. 城市土地集约利用效益障碍因子研究——以咸宁市为例[J]. 水土保持研究，2016，23(2)：327-332.
[135] 宋春云. 基于城市规划的土地集约利用评价研究[D]. 北京：中国地质大学，2016.
[136] 宋利利，秦明周，陈瑜琦，等. 基于县级面板数据的河南省耕地利用集约度区域差异及其影响因素[J]. 水土保持研究，2016，23(4)：239-244.
[137] 谈明洪，李秀彬，辛良杰，等. 英国城市绿化带土地利用及其对中国的启示——以斯佩尔索恩(Spelthorne)区为例[J]. 地理科学进展，2012，31(1)：20-25.
[138] 陶志红. 城市土地集约利用几个基本问题的探讨[J]. 中国土地科学，2000，14(5)：1-5.
[139] 童陆亿，胡守庚. 中国主要城市建设用地扩张特征[J]. 资源科学，2016，38(1)：50-61.
[140] 汪波，郑家响. 我国大城市土地集约利用评价研究[J]. 北京科技大学学报(社会科学版)，2006，22(1)：24-28.
[141] 汪晖，童菊儿. 经济发展阶段与土地集约利用水平演变趋势——来自台湾的证据[M]//2005 年中国科协学术年会论文集(中). 北京：中国科学技术出版社，2006.
[142] 王广洪，黄贤金，姚丽. 国家级园区用地相对集约度及其时空分异研究[J]. 中国土地科学，2007，21(4)：18-25.
[143] 王建康. 土地要素对中国城市经济增长的贡献分析[J]. 中国人口·资源与环境，2015，25(8)：10-17.
[144] 王克强，马克星，刘红梅. 上海市建设用地减量化运作机制研究[J]. 中国土地科学，2016，30(5)：3-12.
[145] 王群. 中国省区土地利用差异实证研究[M]. 北京：中国大地出版社，2006.
[146] 王慎敏，黎一畅，周寅康. 江苏省城市土地集约利用宏观评价研究[J]. 南京社会科学，2008(1)：135-141.
[147] 王万茂，王群. 土地利用规划学[M]. 北京：北京师范大学出版社，2010.
[148] 王万茂. 规划的本质与土地利用规划的多维思考[J]. 国土资源，2001(3)：29-31.
[149] 王万茂. 土地利用规划学[M]. 北京：科学出版社，2006.

[150] 王万茂.土地资源管理学[M].2版.北京:高等教育出版社,2010.
[151] 王伟华.基于主成分分析法的城市土地利用集约度研究[J].内蒙古农业大学学报(社会科学版),2005,7(4):448-450.
[152] 王喜,彭宏杰,樊鹏飞,等.耕地集约利用评价及障碍因素分析研究——基于突变级数模型[J].资源开发与市场,2016,32(8):902-906.
[153] 王向东.中国土地利用分区管制改革研究[D].杭州:浙江大学,2013.
[154] 王瑛.土地利用总体规划中净增建设用地指标分配研究——以柳州市为例[D].武汉:华中农业大学,2008.
[155] 汪应洛.系统工程[M].2版.北京:机械工业出版社,2003:130-140.
[156] 王子平,冯百侠,徐静珍.资源论[M].石家庄:河北科学技术出版社,2001:34-35.
[157] 王振昌.中国稀土资源出口问题及其对策分析[D].长春:吉林大学,2014.
[158] 王佐.建设用地配置效率评价及影响机制研究[D].杭州:浙江工业大学,2015.
[159] [美]维纳.控制论:或关于在动物和机器中控制和通信的科学[M].郝季仁,译.北京:北京大学出版社,2007.
[160] 蔚霖.河南省建设用地集约利用与城镇化耦合协调关系分析[J].干旱区资源与环境,2016,30(2):20-25.
[161] 魏宏森,曹国屏.系统论——系统科学哲学[M].北京:清华大学出版社,1995.
[162] 翁翎燕,濮励杰,文继群,等.城市土地集约利用与经济增长的协整分析及因果关系检验——以江苏省无锡市为例[J].地理与地理信息科学,2010,26(2):72-75.
[163] 吴建寨,彭涛,徐海燕,等.山东省建设用地扩展时空动态及驱动力分析[J].中国人口·资源与环境,2011,21(8):164-169.
[164] 吴妤,姜珊珊.甘肃省土地集约利用与经济耦合协调发展评价研究[J].水土保持研究,2012,19(6):217-222.
[165] 吴玉鸣.广西生态足迹与能源消费的库兹涅茨曲线分析[J].中国人口·资源与环境,2010,20(11):30-35.
[166] 吴郁玲,曲福田.中国城市土地集约利用的影响机理:理论与实证研究[J].资源科学,2007,29(6):106-113.
[167] 吴沅箐,殷玮.上海近远郊地区建设用地减量化差异探析[J].上海国土资源,2015(4):43-46.
[168] 吴志强,李德华.城市规划原理[M].4版.北京:中国建筑工业出版社,2010:

28-29.
[169] 肖蓓蓓,刘秀华.重庆市丰都县建设用地变化及社会驱动力分析[J].西南农业大学学报(社会科学版),2007,5(1):38-42.
[170] 肖艳秋,杨德刚,唐宏,等.塔里木河流域人口—经济分布不均衡特征分析[J].干旱区地理,2012,35(2):309-317.
[171] 谢敏,郝晋珉,丁忠义,等.城市土地集约利用内涵及其评价指标体系研究[J].中国农业大学学报,2006,11(5):117-120.
[172] 谢天,濮励杰,张晶,等.基于PSR模型的城乡交错带土地集约利用评价研究——以南京市栖霞区为例[J].长江流域资源与环境,2013,22(3):279-284.
[173] 谢正峰.浅议土地的集约利用和可持续利用[J].国土与自然资源研究,2002(4):22-25.
[174] 徐倩.基于主体功能区的新增建设用地指标分配研究[D].南京:南京农业大学,2014.
[175] 徐勇,汤青,樊杰,等.主体功能区划可利用土地资源指标项及其算法[J].地理研究,2010,29(7):1223-1232.
[176] 许恒周,姜福洋,殷红春.城市土地集约利用评价及其空间差异的实证分析——以江苏省为例[J].华中农业大学学报(社会科学版),2009,79(1):29-32.
[177] 许艳,濮励杰,张丽芳,等.土地集约利用与经济发展时空差异研究——以江苏省为例[J].南京大学学报(自然科学),2009,45(6):810-820.
[178] 严金明.土地利用与城乡发展——2000海峡两岸土地学术研讨会综述[J].中国土地科学,2000,14(6):25-27.
[179] 杨刚强,张建清,江洪.差别化土地政策促进区域协调发展的机制与对策研究[J].中国软科学,2012(10):185-192.
[180] 杨俊.新型城镇化背景下建设用地集约利用研究[D].武汉:中国地质大学,2015.
[181] 杨树海.城市土地集约利用的内涵及其评价指标体系构建[J].经济问题探索,2007,(1):27-30.
[182] 姚小薇.建设用地优化配置研究——以襄樊市城区为例[D].武汉:中国地质大学,2009.
[183] 叶剑平,毕宇珠.德国城乡协调发展及其对中国的借鉴——以巴伐利亚州为例[J].中国土地科学,2010,24(5):76-81.
[184] 叶宗裕.中国省际资本存量估算[J].统计研究,2010,27(12):65-71.
[185] 叶宗裕.关于多指标综合评价中指标正向化和无量纲化方法的选择[J].浙江统计,2003(4):24-25.

[186] 易凤佳，李仁东，常变蓉，等. 长株潭地区建设用地扩张遥感时空特征分析[J]. 国土资源遥感，2015，27(2)：160-166.
[187] 易昊旻，徐康，田兴. 基于 Granger 因果检验的土地集约利用与经济增长的相关性研究——以东台市为例[J]. 江西农业学报，2013，25(9)：130-133.
[188] 殷少美，金晓斌，周寅康，等. 基于主成分分析法和 AHP-GEM 模型的区域新增建设用地指标合理配置——以江苏省为例[J]. 自然资源学报，2007，22(3)：372-378.
[189] 苑昊，聂宜民，苑波，等. 山东省东、中、西部开发区土地集约利用地域差异的实证研究——以山东招远、新泰、陵县经济开发区为例[J]. 安徽农业科学，2012，40(11)：6870-6872.
[190] 岳秋丽，刘传林. 基于 PSR 模型的江苏省城市土地集约利用评价[J]. 水土保持研究，2016，23(3)：176-179.
[191] 翟腾腾，郭杰，欧名豪. 基于相对资源承载力的江苏省建设用地管制分区研究[J]. 中国人口·资源与环境，2014，24(2)：69-75.
[192] 翟文侠，黄贤金，张强，等. 基于层次分析的城市开发区土地集约利用研究——以江苏省为例[J]. 南京大学学报(自然科学)，2006，42(1)：96-102.
[193] 张恒义. 中国省际建设用地空间配置效率研究[D]. 杭州：浙江大学，2011.
[194] 张军，吴桂英，张吉鹏. 中国省际物质资本存量估算：1952—2000[J]. 经济研究，2004(10)：35-44.
[195] 张润森，濮励杰，文继群，等. 建设用地扩张与碳排放效应的库兹涅茨曲线假说及验证[J]. 自然资源学报，2012，27(5)：723-733.
[196] 张庭伟. 构筑 21 世纪的城市规划法规——介绍当代美国“精明地增长的城市规划立法指南”[J]. 城市规划，2003，27(3)：49-52.
[197] 张亚静. 新增建设用地计划指标分配方法研究——以廊坊市为例[D]. 保定：河北农业大学，2011.
[198] 张艳丽. 基于 GIS 的甘肃省区域经济时空变化与协调发展研究[D]. 兰州：兰州大学，2012.
[199] 张耀宇，陈利根，宋璐怡. 中国城市用地扩张驱动机制的差异性研究[J]. 资源科学，2016，38(1)：30-40.
[200] 赵翠薇，濮励杰，孟爱云，等. 基于经济发展阶段理论的土地利用变化研究——以广西江州区为例[J]. 自然资源学报，2006，21(2)：172-179.
[201] 赵可，张安录，徐卫涛. 中国城市建设用地扩张驱动力的时空差异分析[J]. 资源科学，2011，33(5)：935-941.
[202] 赵鹏军，彭建. 城市土地高效集约化利用及其评价指标体系[J]. 资源科学，

2001,23(5):23-27.
[203] 赵涛,庄大方,冯仁国.1990 年代我国新增非农建设用地的空间分异特征[J].经济地理,2004,24(5):648-652.
[204] 赵小风,黄贤金,陈逸,等.城市土地集约利用研究进展[J].自然资源学报,2010,25(11):1979-1996.
[205] 赵亚莉,刘友兆,龙开胜.长三角地区城市土地开发强度特征及影响因素分析[J].长江流域资源与环境,2012,21(12):1480-1485.
[206] 甄江红,成舜,郭永昌,等.包头市工业用地土地集约利用潜力评价初步研究[J].经济地理,2004,24(2):250-253.
[207] 郑华伟,张锐,张俊凤,等.土地集约利用与经济发展关系的动态计量分析——以江苏省为例[J].长江流域资源与环境,2012,21(4):412-418.
[208] 郑新奇,王筱明,王爱萍,等.城市宗地集约利用潜力评价方法研究[J].资源科学,2005,27(6):72-76.
[209] 周浩,陈银蓉,顾颖敏.中国城市土地集约利用的时空差异与驱动力分析[J].湖北农业科学,2013,52(2):290-294.
[210] 周克昊,谭荣辉,刘艳芳,等.基于人均建设用地标准的区域土地利用节地潜力评估[J].农业工程学报,2012,28(19):222-232.
[211] 周学.经济发展阶段理论的最新进展及其启示[J].经济学动态,1994(5):46-50.
[212] 朱红波.建设用地指标分配的博弈分析[J].国土资源,2005(5):36-37.
[213] 朱甲羽.河南区域经济协调发展状况评价研究[D].南昌:南昌大学,2008.
[214] 朱良元.新增建设用地指标分解技术方法研究——以陕西省为例[D].西安:长安大学,2009.
[215] 朱天明,杨桂山,苏伟忠,等.长三角地区城市土地集约利用与经济社会发展协调评价[J].资源科学,2009,31(7):1109-1116.
[216] 朱庄瑞,吕萍.中国城市土地节约集约利用政策有效性区域差异研究——基于全国 105 个城市地价监测点调查问卷的分析和建议[J].中国人口·资源与环境,2015,25(12):129-137.
[217] 庄少勤."新常态"下的上海土地节约集约利用[J].上海国土资源,2015(3):1-8.
[218] 庄悦群.美国城市增长管理实践及其对广州城市建设的启示[J].探求,2005,155(92):62-67.
[219] 邹志红,孙靖南,任广平.模糊评价因子的熵权法赋权及其在水质评价中的应用[J].环境科学学报,2005,25(4):552-556.

后 记

本书是在我博士学位论文的基础上完成的。从读硕士开始，到踏上社会后再返校读博，与南京农业大学结下了不解之缘。在本书即将付梓之时，回想在南京农业大学度过的几年时光，心中纵有万般不舍，也只能任其融为一声无奈。只觉得想说的话太多，想感谢的人太多，借此，沉淀自己，反思来时路。

首先，要特别感谢的是我最尊敬的导师欧名豪教授。师从欧名豪教授期间，我所收获的不仅是学业，还有生活之道、做人之道。欧老师渊博的专业知识、严谨的治学态度、宽厚的待人之道、豁达的生活理念，对我而言都是受用一生的宝贵财富。求学的几年时间里，您名师般的教诲和慈父般的关爱都将让我终生难忘。在此，衷心地向恩师致以最诚挚的敬意和谢意！祝福欧老师在爱的芬芳中尽享桃李满天下的幸福！要特别感谢的还有郭杰副教授，从硕士时期的同学到博士期间的师生，我们之间变的是关系，不变的是感情。郭老师从专业学习到论文撰写，乃至日常生活，都给予了我莫大的帮助和关照，一句感谢表心意！

其次，要感谢南京农业大学公共管理学院所有直接或间接给予我帮助的老师们：王万茂教授、陈利根教授、吴群教授、刘友兆教授、石晓平教授、郭忠兴教授、诸培新教授、冯淑怡教授、马贤磊教授、姜海教授、陈会广教授、唐焱教授、欧维新教授、邹伟教授、郭贯成教授、刘琼副教授、龙开胜副教授、陈哲老师、彭建超老师等。他们为我的博士学习和论文撰写创造了不可或缺的条件，特致以诚挚谢意！

再次，要感谢师门的所有兄弟姐妹们，尤其是翟腾腾、付文凤、伍玥蓉、盛业旭、孟霖等，一起去食堂，一起点外卖，一起加班，还有一起分享一个苹果……永远忘不了你们在我苦闷时真诚的劝慰、失意时声声的鼓励和喜悦时共同的欢笑。还要感谢 2012 级所有的博士同学们，很开心博士生涯能和你们共同度过；还有我的好友张宇、王炳华、刘馨、许璐璐，感谢有你们分享我的喜怒哀乐！

当然，能够离开工作岗位重新回到校园，由教师再做回学生，也离不开我所供职的淮阴师范学院所提供的学习机会与资助！尤其离不开城市与环境学院各位领导与同事的关心和支持，感谢毛广雄院长、姜于书记、刘传明副院长、张云副院长、羊森副书记、尚正永教授、徐海英教授、叶正伟教授、张春梅副教授、周晓钟副教授、蔡安宁副教授、卢妍副教授、徐洪文副教授、庄秀琴副教授、秦晓倩副教授，还有周宇、韩庭、王呈祥、王敏、卢中辉、宋仁波、王月香、贺巧宁、王细元、关劲峤、周洪英、张洪波等同事在工作和生活中给予的支持和帮助。在此对各位领导和同事的关心和帮助表示衷心的感谢！

最后，要感谢我最最亲爱的家人们给予的支持和理解。感谢公婆的奉献，帮忙照顾孩子料理家务，让我可以毫无后顾之忧地回到校园学习；感谢父母的理解，为了兼顾学业和工作，不能常回家看看常伴于身边，而他们却从无怨言；感谢爱人张飞的支持，无怨无悔地扛下照顾家的责任，默默无闻地做我最坚强的后盾，让我能够安心完成学业；还要感谢儿子张明佑，孩子幼小时候缺失了几年妈妈的陪伴，这是永远找不回来的，妈妈以后会加倍付出。感谢每一位关心和支持我的家人和亲友！

致谢伊始，我本以为致谢对我而言是件极为轻松的事；却未曾想执笔至此，已然湿了眼眶；才明白，心中思绪万千，又岂止纸笔可以抒发？搁笔于此，继续前行，承载各方关爱，书写新的篇章！

孔　伟

2018 年 6 月 21 日于江苏淮安